Beiträge zur europäischen Integration aus der FHVR Berlin

Band 1

Sandra Pogodda

Der Beitrag der EU zur Flexibilisierung der nationalen Arbeitsmärkte

Fachhochschule für Verwaltung und Rechtspflege Berlin

- University of Applied Sciences -

Inhaltsverzeichnis

Vorwort

In der vorliegenden Reihe „Beiträge zur europäischen Integration" werden herausragende wissenschaftliche Arbeiten publiziert, die aus den einschlägigen Forschungsaktivitäten an der FHVR Berlin und dem Netzwerk der mit ihr kooperierenden Hochschulen hervorgehen. Damit soll nicht allein die Vielfalt und Qualität der in diesem Rahmen geleisteten Forschung dokumentiert werden, damit wird auch beabsichtigt, die Diskurse um die zukünftige Gestalt Europas und die Funktion der Europäischen Union zu befördern. Der wissenschaftliche Streit und die öffentliche Debatte sind originäre Bestandteil der europäischen Kultur, das moderne Europa ist ein Ergebnis jahrzehntelanger Diskussions- und - manchmal auch quälender – Lernprozesse, an diesen Prozessen aktiv beteiligt zu sein, ist eine der vornehmsten Aufgaben unserer Zeit, und vermutlich ist das europäische Projekt heute mehr denn je auf die pointierte Mitwirkung der unabhängigen Wissenschaft, auf substantielle Reflektionen von Experten und Expertinnen der Praxis sowie auf das kompetente Engagement seiner Funktionsträger in Politik und Verwaltung angewiesen.

Nicht minder belangvoll ist die mögliche Rolle der vorliegenden Reihe bei der Europäisierung von Lehre und Studium: In diesem Sinne sollen die vorliegenden Publikationen zur verstärkten Thematisierung europäischer Inhalte in den Studiengängen der FHVR und zur besseren Verzahnung von Forschung und Lehre beitragen; denn für die meisten an der Ausbildung beteiligten Fachdisziplinen gilt, dass europäische Themen inzwischen zum genuinen Wissens- und Erkenntnisstand gehören, europäisch vergleichende Analysen sind mittlerweile auf vielen Gebieten zu einem Standard des wissenschaftlichen Methodenkanons geworden.

Mit den in dieser Reihe publizierten Beiträgen geht es auch um die Integration von Wissenschaft und Praxis. Dabei sollen die Querverbindungen und Bezüge zwischen der akademischen Forschung und der politisch-administrativen Praxis mit dem übergreifenden Ziel gestärkt werden, die Legitimität und Effektivität staatlichen Handelns in - vorwiegend vergleichend - europäischer Perspektive zu diskutieren. Zum Einen sollen wissenschaftliche Auseinandersetzungen mit Problemen administrativer Praxis vorgelegt werden, die durch vergleichende Analysen auf Effektivitäts- und Effizienzpotenziale öffentlichen Handelns aufmerksam machen. Zum Anderen sollen mit den hier erscheinenden Publikationen die vielfach komplexen Rechtsgrundlagen und Verfahren europäischen Verwaltungshandelns transparenter gemacht und so implizit die europaspezifischen Kompetenzen der öffentlichen Akteure erweitert werden. Bei allen Klagen über die Komplexität des europäischen Normengeflechts ist die Verrechtlichung der zwischenstaatlichen Beziehungen gleichzeitig ein Markenzeichen des Integrationsprozesses, sie ist ein tragendes Fundament und ein Garant der gemeinsamen Zukunft.

Der Vielfalt der in dieser Reihe behandelten Themen sind zur wenige Grenzen gesetzt. Die Fundamente des symbolträchtigen europäischen Hauses sind in den letzten Jahren zwar zunehmend gefestigt worden: Mit der Erweiterung der EU nach Mittel- und Osteuropa wurde das Ende der Nachkriegsordnung und die Überwindung der historischen Teilung des Kontinents eingeläutet, mit der Einführung des Euro ist der wirtschaftliche Integrationsprozess und die Wirtschafts- und Währungsunion zu einem vorläufigen Höhepunkt geführt worden und mit dem vorliegenden Verfassungsentwurf tritt die Verrechtlichung der zwischenstaatlichen Beziehungen in eine neue Phase ihrer Entwicklung ein. Gleichzeitig geht der Prozess der europäischen Integration aber mit wachsender Dynamik voran und es stellen sich viele neue und alte, noch nicht bewältigte Herausforderungen: Der fortbestehende Globalisierungsdruck stellt das geschichtlich gewachsene europäische Gesellschaftsmodell permanent auf den Prüfstand, die im Zuge der Erweiterung der EU nach Mittel- und Osteuropa gewachsenen regionalen Disparitäten steigern die Komplexität des gemeinschaftlichen Regelungs- und Abstimmungsbedarfs, die notleidenden öffentlichen Haushalte, die Beschäftigungsprobleme und die demographische Entwicklung zwingen die europäischen Staaten zu einer rasanten Beschleunigung ihrer ökonomischen und sozialen Restrukturierungsprozesse, der sich verstärkende Migrationsdruck von außen fordert zu einer kontinuierlichen Auseinandersetzung mit der Spezifik europäischer Kultur- und Lebensformen heraus...

In groben Strichen ist der allgemeine Problemkreis der Beiträge damit skizziert, doch verdient zumindest ein Thema noch besonders Erwähnung zu finden: Die Entwicklung der deutsch-polnischen Kooperation stellt in politischer und kultureller Hinsicht vielleicht die größte Herausforderung der kommenden Jahre dar und im Rahmen ihrer Möglichkeiten wirken die FHVR Berlin und die Adam-Mickiewicz-Universität in Poznan bei der gemeinsamen Durchführung des Studiengangs Europäisches Verwaltungsmanagement aktiv an diesem Projekt mit. Die Zukunft Europas hängt nicht allein von der Ausformung seiner rechtlichen Rahmenbedingungen ab, sondern ebenso von der Vertiefung der Zusammenarbeit zwischen den Institutionen und den wachsenden Bindungen zwischen den Menschen aus seinen verschiedenen Mitgliedstaaten. Trotz einer gemeinsamen Verfassung und trotz der symbolischen Kraft des Euro wird sich Europa weder als hoch verdichtetes Normengeflecht noch als gemeinsamer Wirtschafts- und Währungsraum auf Dauer halten. In diesem Sinne sollen die „Beiträge zur europäischen Integration" auch und gerade die grenzüberschreitende Auseinandersetzung um diesen Prozess unterstützen und im Ergebnis zur Bildung einer von seinen Bürgerinnen und Bürgern getragenen europäischen Zivilgesellschaft beitragen.

Erwin Seyfried

Berlin, im August 2004

I   Einleitung

Seit der damalige Kommissionspräsident Jacques Delors 1993 das Weißbuch „Wachstum, Wettbewerbsfähigkeit, Beschäftigung" initiierte, steht die Flexibilisierung der nationalen Arbeitsmärkte auf der Agenda der Europäischen Kommission zur Verbesserung der Beschäftigungsbilanz innerhalb der EU. Fast zehn Jahre später resümiert diese Untersuchung, wie flexibel sich die EU-Arbeitsmärkte inzwischen darstellen und welche Rolle die EU im Prozess der Reformierung spielen kann bzw. bisher gespielt hat. Dabei sollen die Folgen inflexibler Arbeitsmärkte ebenso beleuchtet werden wie die Möglichkeit, festgestellten Rigiditäten durch eine gemeinsame Vorgehensweise der Mitgliedsstaaten auf dem europäischen Binnenmarkt zu begegnen.

Die Bedeutung von Flexibilität für die Funktionsfähigkeit von Arbeitsmärkten ist alles andere als unumstritten. Entsprechend wird die Reformierung der Arbeitsmärkte in der aktuellen Diskussion um steigende Arbeitslosigkeit in der EU ebenso als Allheilmittel hochstilisiert wie sie als volkswirtschaftlich sinnlose Zumutung an die Arbeitnehmerschaft rundweg abgelehnt wird. Das folgende Kapitel wird daher die Bedeutung der verschiedenen Flexibilitätsformen im Zusammenhang mit den aktuellen wirtschaftspolitischen Herausforderungen – Massenarbeitslosigkeit, Standortwettbewerb und der Stabilität der Gemeinschaftswährung - klären, um den Begriff der Flexibilität zu entmystifizieren und die Brisanz des Themas zu verdeutlichen. Darüber hinaus zeigen die Substitutionsbeziehungen zwischen den verschiedenen Erscheinungsformen der Flexibilität, welche Variationsmöglichkeiten die nationalen Regierungen bei der Reform ihres Arbeitsmarktes haben.

Das dritte Kapitel meiner Arbeit befasst sich mit dem bisherigen Beitrag der EU zur Flexibilisierung der nationalen Arbeitsmärkte. Dieser Teil zielt insbesondere ab auf die Frage, wie sich die Bedeutung von Flexibilisierungsfragen in der Arbeitsmarktpolitik der EU im Laufe der Jahre veränderte. Als Meilenstein in diesem Politikressort gilt der Amsterdamer Vertrag, weshalb hier insbesondere die Bildung von Interessenkoalitionen und deren Durchsetzung im Verhandlungsprozess analysiert werden. Anschließend werden die drei Prozesse von Luxemburg, Cardiff und Köln auf ihren Beitrag zum Untersuchungsgegenstand geprüft. Da sich die Rolle der EU bisher auf die Koordinierung im Bereich der Beschäftigungspolitik beläuft, können die gesetzgeberischen Maßnahmen der Nationalstaaten nicht unmittelbar den unverbindlichen Empfehlungen der Europäischen Kommission als direkte Folge zugeordnet werden. Daher wird in diesem Teil der Untersuchung nur geprüft, welche Ziele die Arbeitsmarktpolitik der Europäischen Kommission verfolgt. Als Grundlage für diesen Teil der Ausarbeitung dienen neben der Sekundärliteratur insbesondere die amtlichen Dokumente der EU zu den genannten Prozessen.

Kapitel vier beleuchtet anschließend die derzeitige Anpassungsfähigkeit der nationalen Arbeitsmärkte. Dieses Kapitel stützt sich vornehmlich auf empirische Untersuchungen, die anhand von statistischem Datenmaterial aktualisiert wurden. Um an diesem Punkt der Masterarbeit nicht in der Detailfülle jedes einzelnen Arbeitsmarkts zu versinken, werden die Länder in Anlehnung an Gøsta Esping-Andersens Typologie (Esping-Andersen 1990) in Fallgruppen einsortiert. Aufgrund der gebildeten Kategorien ist anschließend eine Beantwortung der Frage möglich, ob und in welchem Umfang die europäischen Arbeitsmärkte als finanziell und mengenmäßig flexibel anzusehen sind. Anhand der Analyse der gegenwärtigen Situation lässt sich ableiten, ob es in Europa noch weiteren Spielraum oder Handlungsbedarf für Flexibilisierungspolitik gibt.

Die abschließende Analyse der Interessen und Durchsetzungschancen einer stärkeren Zusammenarbeit (Kapitel V) erfolgt aus drei unterschiedlichen Perspektiven: Zunächst werden die Beobachtungen der verschiedenen Arbeitsmarktentwicklungen zu pfadabhängigen Fallgruppenprofilen zugespitzt. Aus diesen Ergebnissen wird ein grobes Präferenzmodell entwickelt, das Aussagen über eine gemeinsame Vorgehensweise zulässt. Nach dieser Einschätzung von politischen Entscheidungsmustern werden die gesellschaftlichen Restriktionen betrachtet, die erklären, in welchen Reformbereichen eine gemeinsame Politik am gesellschaftlichen Widerstand innerhalb einer Fallgruppe scheitern würde. Anhand von Beispielen und resultierend aus den bisherigen Flexibilisierungsprofilen werden hier die „heiligen Kühe" der jeweiligen Ländergruppen abgeleitet. Diese Analyse dient der Einschätzung, welche Spielräume bisher nicht genutzt wurden, und welche nie bestanden haben. Danach wird die Frage der Handlungsfähigkeit aus juristischer Perspektive betrachtet, um zu prüfen, ob eine weitere Vergemeinschaftung noch von den Spielregeln der EU gedeckt wäre. Die Schlussbetrachtung führt die Ergebnisse der Untersuchung zusammen, um ein Fazit zu ziehen, ob ein Spielraum für einen weitergehenden Beitrag der EU zur Flexibilisierung der europäischen Arbeitsmärkte vorhanden ist.

II   Theorie der Flexibilisierung

In diesem Kapitel werden die theoretischen Grundlagen des Untersuchungsgegenstandes dargestellt. Ziel ist es, die verschiedenen Facetten von Arbeitsmarktflexibilisierung zu veranschaulichen und den Umfang des Themas einzugrenzen. Anschließend werden zwei wirtschaftspolitische Herausforderungen umrissen, anhand derer die Brisanz des Themas deutlich wird.

2   Definition und Dimensionen

Unter Flexibilität eines Arbeitsmarktes soll hier seine Fähigkeit verstanden werden, auf veränderte Bedingungen zu reagieren (Dörn 2000: 349). Diese Reaktionsfähigkeit wird anhand von Faktorveränderungen in bestimmten Zeiträumen gemessen. Je mehr sich ein Faktor in einer bestimmten Zeit verändert, desto flexibler ist er. Das begriffliche Gegenstück zur Flexibilität ist die Rigidität, die beschreibt, wie stabil ein Faktor in einem beobachteten Zeitabschnitt geblieben ist (Ganßmann/Haas 2001: 13).

Arbeitsmärkte zeichnen sich durch eine Vielzahl von Faktoren aus, die sich gegenseitig beeinflussen. Die spezifische Gestaltung eines Arbeitsmarkts wird durch das Zusammenspiel von rigiden und flexiblen Faktoren charakterisiert. Die Analyse dieser Wechselbeziehungen zeigt, dass Rigiditäten aus Machtverschiebungen zugunsten der Arbeitnehmer resultieren und damit Widerstände gegenüber Anpassungszwängen institutionalisieren (Ganßmann/Haas 2001: 12 ff.). Denn die rigiden Faktoren, die auf Veränderungen nicht reagieren, aber unter bestimmbaren anderen Umständen reagieren könnten, absorbieren, kanalisieren, verzögern und verteilen Wirkungen. Diese Widerstände sind gesellschaftlich akzeptiert, um Anpassungsdruck auf die Arbeitnehmerschaft zu verringern. Der folgende Teil der Untersuchung berücksichtigt insbesondere die Wechselwirkungen zwischen der Arbeitsmarktgestaltung und anderen Bereichen der Ökonomie, um festzustellen, welche Effekte Flexibilisierung hervorrufen kann. Dabei werden die einzelnen Facetten des Flexibilitätsbegriffs entsprechend ihrer Funktion für die Reaktionsfähigkeit eines Arbeitsmarkts unter zwei Oberbegriffen zusammengefasst: mengenmäßige und finanzielle Anpassungsfähigkeit.

2.1 Mengenmäßige Anpassungsfähigkeit

Unter diese Kategorie fallen alle Flexibilitätsformen, die eine Anpassung der Belegschaft an eine sich verändernde Auftragslage erlauben, also die numerische, temporäre und qualifikatorische Reaktionsfähigkeit des Arbeitsangebots. Dabei sind die einzelnen Arten teilweise substituierbar, wie sich insbesondere in Teil IV bei den Länderstudien zeigen wird.

2.1.1 Numerische Flexibilität

Die numerische Flexibilität untersucht die Häufigkeit von Entlassungen und Einstellungen in einem bestimmten Zeitraum. Dafür gibt es verschiedene Messstandards wie:

- die „Labour-Tournover-Rate", die das Verhältnis von Entlassungen zu Einstellungen innerhalb eines Jahres wiedergibt,

- die „Job-Tournover-Rate", die die Anzahl vernichteter Arbeitsplätze mit den neu entstandenen vergleicht,

- die interne, externe und die geographische Mobilität

Allerdings unterliegt eine Bewertung von numerischer Flexibilität anhand solcher Daten der Gefahr, dass konjunkturelle Schwankungen die Messergebnisse überlagern. Denn Massenentlassungen zeigen nicht unbedingt die Flexibilität eines Arbeitsmarkts, sondern auch die prekäre wirtschaftliche Situation eines bestimmten Sektors der Ökonomie. Fluktuationsdaten allein haben also eine geringe Aussagekraft, solange sie nicht durch eine fundierte ökonomische Analyse der Wirtschaftsdaten begleitet werden. Daher beschränkt sich die empirische Untersuchung in Kapitel IV darauf, die arbeitsrechtlichen Grundlagen zu untersuchen, die numerische Flexibilität in unterschiedlicher Weise fördern oder beschränken. Denn das Einstellungs- und Entlassungsverhalten der Unternehmen wird wesentlich durch Arbeitsplatzschutzvorschriften[1] des nationalen Gesetzgebers gesteuert. Von entscheidender Bedeutung für die Anpassung an schwankende Auftragslagen ist außerdem die Möglichkeit, Kündigungsschutzregelungen durch atypische Beschäftigungsverhältnisse zu umgehen.

Aus Sicht der Beschäftigten stabilisiert ein starres Kündigungsrecht das Arbeitsverhältnis und damit den Einkommensstrom. Der Kündigungsschutz stellt also eine institutionelle Rigidität des Arbeitsmarkt zugunsten der Beschäftigten dar, die einen schnellen Abbau der Belegschaft bei verschlechterter Auftragslage erschweren wollen. Die neoklassische Volkswirtschaftslehre stellt dem Sicherheitsstreben der Arbeitnehmer einen negativen Beschäftigungseffekt gegenüber: Solange das Arbeitsrecht den Unternehmer an der Entlassung eines Beschäftigten bei schlechter Konjunkturlage hindere, sei der Anreiz, im wirtschaftlichen Aufschwung neue Arbeitsplätze zu schaffen, durch die hohen Entlassungskosten gering. Daher wäre der Unternehmer versucht, eine erhöhte Auftragslage durch Überstunden und Sonderschichten auf die bereits vorhandene Belegschaft abzuwälzen. Gesamtwirtschaftliche Wachstumseffekte übertrügen sich also nur in abgeschwächter Form auf die Lage am Arbeitsmarkt.

---

[1] Darunter fallen neben Kündigungsschutzrechten auch Abfindungszahlungen und administrative Hürden.

Im Hinblick auf die Arbeitslosenquote ist die numerische Flexibilisierung durch einen aufgeweichten Kündigungsschutz differenziert zu betrachten: Zu erwartende höhere Neueinstellungen im wirtschaftlichen Aufschwung stehen schnelleren Entlassungen während einer Rezession diametral gegenüber, sodass negative und positive Beschäftigungseffekte einer Flexibilisierung sich volkswirtschaftlich betrachtet gegenseitig aufheben können (Fuchs/ Schettkat 2001: 225/26). Eine Reform rigider Kündigungsschutzregelungen verspricht jedoch einen anderen positiven Effekt: Die Allokation von Arbeitslosigkeit und Beschäftigung würde sich zugunsten Langzeitarbeitsloser verändern. Denn durch eine höhere Bereitschaft zur Einstellung von Arbeitnehmern verringert sich auch die durchschnittliche Verweildauer in Erwerbslosigkeit. Also würde sich durch einen gelockerten Kündigungsschutz nicht notwendigerweise die Arbeitslosenquoten reduzieren, allerdings wären immer andere Personen von Arbeitslosigkeit und damit von stärkerem Anpassungsdruck betroffen. Die Gefahr, dass sich Arbeitslosigkeit bei Risikogruppen (Jugendlichen, Älteren und Frauen) oder bei einzelnen Individuen (Langzeitarbeitslosen) strukturiert, würde sinken und die Anpassungskosten wären gleichmäßiger verteilt (Esping-Anderson 2001: 84).

Allerdings ist der Arbeitsplatzschutz für viele nationale Gesetzgeber innerhalb der EU ein heißes Eisen: Einschnitte in diesen Bereich des Arbeitsrechts führen meist zu starkem Widerstand auf der Arbeitnehmerseite, soweit diese Rigidität nicht nur gesellschaftlich gewünscht, sondern bereits in den sozialen Wertekanon eingegangen ist (s. Kapitel 5). Gesetzgeber wählen daher eher die einfachere Variante, indem sie alternative Arbeitsverhältnisse neben unbefristeten Vollzeitstellen zulassen. So erlauben Zeit- und Leiharbeit in vielen Ländern die Anpassungsfähigkeit, die durch starren Arbeitsplatzschutz versperrt sind. Infolgedessen ist innerhalb der EU ein Trend zur Differenzierung der Unternehmensorganisation in eine arbeitsrechtlich abgesicherte Kernbelegschaft und einen ergänzenden Bestand leichter „freisetzbarer" Beschäftigter zur Bewältigung von Auftragsüberhängen zu beobachten (Ganßmann/ Haas 2001: 19). Es ist also innerhalb der Kategorie numerischer Flexibilität eine Substitutionsbeziehung zwischen der Lockerung des Arbeitsplatzschutzes und der Liberalisierung atypischer Beschäftigungsverhältnisse auszumachen.

Ein weiterer trade-off besteht zwischen numerischer und qualifikatorischer Flexibilität: Je leichter sich die Unternehmen überflüssiger Arbeitskräfte durch Entlassungen entledigen können, desto geringer ist der Anreiz, Beschäftigte innerhalb des Unternehmens weiterzuqualifizieren, um diese an anderer Stelle einsetzen zu können. Im Sinne des unternehmerischen Ziels, den Gewinn zu maximieren, dürfte sich eine Investition in Humankapital bei schwachem Kündigungsschutz also nur lohnen, wenn die mit der Neueinstellung verbundenen Screening-, Einarbeitungs- und Qualifizierungskosten bei der späteren Wiederbesetzung eines Arbeitsplatzes die Ausgaben für die Weiterbildung eines Arbeitnehmers zur Erhöhung seiner betrieblichen Verwendbarkeit übersteigen (Regini 2001: 20/21). Daraus lassen sich zwei Schlussfolgerungen ableiten: Vorrangig würde eine Lockerung des Kündigungsschutzes gering qualifizierte Arbeitnehmer treffen, die wegen kurzer Einarbeitungszeit kostengünstiger ersetzt werden können als besser ausgebildete Kräfte. Außerdem lässt ein schwacher Kündigungsschutz geringere Investitionen der Unternehmen in ihr Personal erwarten. Denn die Notwendigkeit zur Weiterqualifizierung von Mitarbeitern kann bei geringem Arbeitsplatzschutz alternativ durch Entlassung und Ersetzung mit einer besser geeigneten Arbeitskraft umgangen werden.

2.1.2 Arbeitszeitflexibilität

Wie oben beschrieben, lässt sich eine Aufweichung des Arbeitsplatzschutzes auch durch flexible Arbeitszeiten umgehen. Da die Arbeitszeit durch ihre zeitliche Lage (den sogenannten chronometrischen Faktor) und ihre Dauer (den chronologischen Faktor) bestimmt ist, reicht die Veränderung eines der beiden Faktoren aus, um von flexibler Arbeitszeit zu sprechen (Schulze Buschoff 2000). Je nach Größe des Zeitraums unterlägen danach unterschiedliche Systeme der Betrachtung: Die Lebensarbeitszeit ändert sich z.B., sobald Umgestaltungen innerhalb des Bildungssystems (wie die Dauer von Ausbildungszeiten) oder des Rentensystems (bspw. in Form einer Neuregelung des Rentenalters) erfolgen. Andererseits wirkt sich ein Wandel in der Lebensarbeitszeit deutlich auf die Größe des Arbeitsangebots aus und hat damit einen unmittelbaren Effekt auf die Arbeitslosenquote.

Im Folgenden sollen die sozialen Sicherungssysteme jedoch unberücksichtigt bleiben. Arbeitszeitflexibilität wird also ausschließlich im Hinblick auf die kurzfristige Anpassungsfähigkeit von Arbeitszeiten an konjunkturelle Schwankungen geprüft. Durch einen erleichterten Zugriff auf die Arbeitszeiten der Belegschaft erhoffen sich Unternehmer eine schnelle Reaktion auf veränderte Marktbedingungen und den Abbau von Puffersystemen, mit denen bisher Arbeitszeiten verstetigt wurden (Ganßmann/Haas 2001: 18) – letztlich also eine bessere Auslastung des Produktionsfaktors Arbeit. Flexible Regelungen wären zum Beispiel Jahresarbeitszeitmodelle, durch die erhöhte Arbeitszeiten bei vollen Auftragsbüchern durch mehr Freizeit während Ebbe-Perioden ausgeglichen werden. Der Vorteil dieser Modelle besteht für den Unternehmer darin, dass er keine Überstundenzuschläge zahlen muss, soweit der zeitliche Ausgleich innerhalb eines Jahres erfolgt. Im Regelfall findet eine Anpassung jedoch über Sonderschichten an Wochenenden oder Feiertagen und durch Überstunden statt.

In einigen europäischen Staaten wurden kürzere gesetzliche Wochenarbeitszeiten und Teilzeitbeschäftigung forciert, um die bestehende Nachfrage nach Arbeit auf so viele Köpfe wie möglich zu verteilen. Dieses Vorgehen erhöht zwar die Partizipationsrate bei der Beschäftigung beträchtlich und kann Arbeitslosenquoten reduzieren, eine Erscheinungsform von Flexibilisierung ist darunter jedoch solange nicht zu verstehen, solange die kürzeren Arbeitszeiten einer starren Vereinbarung unterliegen. Saisonale und konjunkturelle Schwankungen können dadurch nur bedingt abgefedert werden.[2]

2.1.3 Qualifikatorische Flexibilität

Die qualifikatorische Flexibilität bezeichnet den Umfang an Humankapital, den eine Arbeitskraft im Laufe ihres Berufslebens erwirbt. Ein Arbeitnehmer ist laut dieser Definition um so flexibler, je größer sein potentielles Einsatzgebiet ist. Die qualifikatorische Flexibilität steigt also, je breiter Arbeitskräfte ausgebildet sind und je mehr inner- oder zwischenbetriebliche Arbeitsplatzwechsel sie für einen großen Tätigkeitsradius befähigt haben.

Die qualifikatorische Flexibilität von Arbeitnehmern hat insbesondere durch den Wandel der Produktionsmethoden an Bedeutung gewonnen. Denn in hochentwickelten Volkswirtschaften hängt die Wettbewerbsfähigkeit eines Unternehmens zunehmend von der Umstellung einer standardisierten Massengüterproduktion hin zur Fertigung kleinerer Serien unterschiedlicher Produktlinien ab, um den anspruchsvoller werdenden Kundenwünschen gerecht zu werden (Berthold/Fehn 2000: 235). Für den Arbeitnehmer bedeutet dieser Wandel vor allem höhere Anforderungen: Neben der steigenden Komplexität der Produktionsanlagen hat der einzelne Mitarbeiter eine größere Aufgabenfülle im Produktionsprozess zu bewältigen (Dörn 2000: 35). Das erklärt die steigende Nachfrage nach gut ausgebildeten – und damit flexibel einsetzbaren - Arbeitskräften. Qualifikatorische Flexibilisierung ermöglicht daher nicht nur eine schnellere Anpassung an technischen Fortschritt. Außerdem kann sich die Arbeitskraft nach einer Entlassung leichter in den Arbeitsprozess reintegrieren. Je flexibler eine Person in Unternehmen eingesetzt werden kann, desto geringer ist ihr Risiko, über einen längeren Zeitraum hinweg arbeitslos zu werden und damit durch Langzeitarbeitslosigkeit an Marktwert zu verlieren.

Theoretisch kann die Ausgestaltung von staatlichen Bildungssystemen einen Hinweis auf die qualifikatorische Flexibilität des nationalen Arbeitsangebots geben. Tatsächlich zählt jedoch nicht die Höhe der Ausgaben, sondern die Effizienz ihres Einsatzes. Um die qualifikatorische Flexibilität eines Arbeitsmarktes zu bewerten, können sogenannte Mismatch-Quoten verwendet werden (Europäische Zentralbank 2002). Diese berechnen, welchen Anteil qualifikationsspezifische Arbeitslosigkeit an der Gesamtarbeitslosigkeit hat.

Wechselwirkungen ergeben sich insbesondere mit der finanziellen Flexibilität. Je weiter sich die Lohnniveaus durch unterschiedliche Qualifikationsanforderungen

---

[2] Teilzeitarbeit kann jedoch in den Bereich der numerischen Flexibilität gerechnet werden, wenn Teilzeitbeschäftigte geringeren Kündigungsschutzbestimmungen unterliegen (s. Kapitel IV).

auseinander bewegen, desto größere Anreize bietet Weiterbildung für Arbeitnehmer, weil Qualifikation sich dann finanziell lohnt. Demgegenüber sind in Ländern mit geringer Lohnspreizung finanzielle Anreize zur Höherqualifizierung kaum gegeben, was die Qualifizierungsbereitschaft unter Arbeitnehmern sinken lässt.

2.2 Finanzielle Anpassungsfähigkeit

Die finanzielle Anpassungsfähigkeit ist von der mengenmäßigen dadurch zu unterscheiden, dass sie sich allein auf relative Lohnniveaus und Lohnschwankungen bezieht.

2.2.1 Lohnflexibilität

Lohnflexibilität umfasst die Reaktionsfähigkeit der Löhne oder der Lohnniveauunterschiede auf die Veränderung mikro- oder makroökonomischer Größen wie Arbeitslosigkeit, Inflationsrate, Gewinne oder Produktivität.

Der neoklassischen Arbeitsmarkttheorie folgend, wird dauerhaft hohe Arbeitslosigkeit durch einen über dem Marktgleichgewicht liegenden Lohn verursacht. Mittel- und langfristig wird in diesem Modell eine Substitutionsbeziehung zwischen Arbeit und Kapital angenommen. Danach würde ein Lohnniveau, das dauerhaft oberhalb der Grenzproduktivität der Arbeitskraft liegt, den Unternehmer verleiten, Arbeitsplätze durch Einsatz kapitalintensiver Produktionsmethoden überflüssig zu machen. Denn nur so bleiben die Produktionskosten unangetastet von steigenden Lohnforderungen der Gewerkschaften (Berthold/Fehn 2000: 234). Eine Absenkung des Lohnniveaus auf den Gleichgewichtslohn würde nach der neoklassischen Wirtschaftstheorie also das Arbeitsangebot wieder mit der Nachfrage in Einklang bringen. In den anhaltend hohen Arbeitslosenquoten innerhalb der EU spiegelt sich demnach die Starrheit der Löhne auf den betroffenen Arbeitsmärkten wider.[3]

2.2.2 Lohnstrukturflexibilität

Aus der Ersatzbarkeit von Arbeit durch Kapital ergibt sich die Forderung nach „Lohnstrukturflexibilität". Dieser Anspruch zielt auf eine stärkere Spreizung der Löhne nach unten ab: Die unteren Lohngruppen sollen stärker für den Niedriglohnsektor geöffnet werden. Arbeitslosigkeit, so die zugrunde liegende Annahme, würde sich zunehmend im unteren Lohnsegment konzentrieren, weil die gering produktiven Arbeitsplätze ohne großen finanziellen Aufwand gestrichen und später neu besetzt werden können.[4] Tatsächlich sind nur diejenigen Arbeitsplätze in der Gefahr durch

---

[3] Das Gegenmodell von John Maynard Keynes nimmt an, dass sich Lohnniveaus auch bei hoher Arbeitslosigkeit im Gleichgewicht befinden können, sodass Arbeitslosigkeit trotz flexibler Löhne nicht sinkt. Dieser Theorie zufolge birgt eine Absenkung der Löhne sogar die Gefahr steigender Arbeitslosigkeit, wodurch es zu einer sich selbst verstärkenden Abwärtsspirale von Lohnsenkungen und erhöhter Arbeitslosigkeit kommen kann. Dieser Theoriestreit soll im Folgenden nicht weiter vertieft werden.

verstärkten Kapitaleinsatz überflüssig zu werden, die ein einfaches Anforderungsprofil aufweisen, der Niedriglohnsektor also. Da bezüglich einfacher Tätigkeiten eine hohe Nachfrageelastizität der Unternehmen unterstellt wird, führt eine geringe Spreizung der Löhne nach unten zu starken Arbeitsplatzverlusten in diesem Sektor. Deshalb wäre der Druck zur Absenkung der Löhne dort stärker spürbar als bei dem Durchschnittslohn. Anders gesagt: Die Verteilung von Arbeitslosigkeit und Produktivität auf die verschiedenen Lohngruppen sollte sich in der stärkeren Spreizung der Lohnniveaus niederschlagen. Damit ist die Forderung nach einer Flexibilisierung der Lohnstrukturen nur eine im Hinblick auf die Streuung von Arbeitslosigkeit und Produktivität differenzierte Ausprägung der Forderung nach allgemeiner Anpassung des durchschnittlichen Lohnniveaus an die Nachfragesituation (also der Lohnflexibilität).

Da die Lohnstrukturflexibilität den Trend zur Entstehung eines Niedriglohnsektors unterstützen soll, statt eine stärkere Lohnspreizung nach oben anzustreben, führt ihre Durchsetzung beinahe automatisch zu einer Kritik an der Höhe und der Bezugsdauer von gewährten Sozialleistungen für Arbeitslose, die den Anreiz zur Arbeitsaufnahme in gering entlohnten Sektoren verringern. Außerdem ergeben sich Wechselwirkungen mit der Qualifikationsentwicklung, wie in 2.1.3 beschrieben.

2.3 Gegenwärtige und zukünftige Herausforderungen

Die oben vorgestellten Arten von Flexibilität sind vor allem darauf ausgerichtet, die Angebotsseite derart zu gestalten, dass ein größeres Interesse auf der Nachfrageseite entsteht. Warum Flexibilität in Zukunft an Brisanz gewinnen könnte, klärt der folgende Teil der Untersuchung.

Einfluss auf Wettbewerbsfähigkeit des EU-Binnenmarkts

In den vergangenen Jahrzehnten hat sich im Rahmen von bi- und multilateralen Handelsabkommen ein intensiver Welthandel entwickelt. Dabei stehen die europäischen Unternehmer zunehmend unter dem Wettbewerbsdruck, auch jenen Produzenten gegenüber konkurrenzfähige Preise aufzustellen, die aufgrund niedriger arbeitsrechtlicher Standards und geringer Löhne ihre Produktpreise wesentlich niedriger kalkulieren können. Die europäischen Unternehmer stehen also vor dem Problem, ihre Unternehmensstruktur optimieren zu müssen. Insbesondere im verarbeitenden Gewerbe hat sich durch diese neuen Anforderungen der Trend entwickelt, Unternehmensaktivitäten Kosten sparend auf Zulieferer auszulagern. Darüber hin-

---

⁴ Bei hoch produktiven Arbeitsplätzen wird demgegenüber ein größeres Investitionsvolumen in das betriebsspezifische Humankapital des einzelnen Arbeitnehmers unterstellt. Für diese hohen Kosten wird hochgradig flexibles Finanzkapital in personengebundenes Realkapital verwandelt, weshalb die Beendung des Arbeitsverhältnisses hier einen größeren betriebswirtschaftlichen Verlust bedeutet (s. Berthold/Fehn 2000: 225).

aus wurde die Einführung neuer Produktionstechniken mit einem möglichst geringen Lagerbestand erforderlich, die unter dem Schlagwort „lean production" oder „just-in-time"-Lieferungen bekannt sind (Dörn 2000: 35 ff.). Diese Umstellung hat viele Unternehmen sensibler für saisonale und konjunkturelle Auftragsschwankungen gemacht. Ein derart unregelmäßiger Arbeitsanfall erzeugt Kosten in Form von Leerläufen, soweit diese nicht durch erhöhte temporäre oder numerische Flexibilität der Arbeitnehmer aufgefangen werden.

Arbeitszeitflexibilität hilft, die Produktivität eines Unternehmens auf zwei Arten zu erhöhen: Bei gestiegener Auftragslage ermöglichen verlängerte Arbeitszeiten und zusätzliche Schichten im verarbeitenden Gewerbe längere Maschinenlaufzeiten, während bei geringem Arbeitsanfall die Wochenarbeitszeit kurzfristig reduziert werden kann. Damit wird eine bessere Auslastung des Kapitalstocks gewährleistet. Nach einer Befragung von 31 international operierenden Konzernleitungen[5] sind im Hinblick auf Arbeitszeitflexibilität die jeweiligen arbeitsrechtlichen Vorgaben für Nacht- und Wochenendschichten sowie die Möglichkeit der Unternehmer, die vertraglich vereinbarten Wochenarbeitszeiten zu verändern, entscheidend (Dörn 2000: 62/63). Durch die flexible Arbeitszeitgestaltung können Lohnkosten in erheblichem Umfang eingespart werden, da Überstundenzuschläge entfallen. Außerdem erspart die Bereitschaft der vorhandenen Belegschaft zu zusätzlicher Arbeitsleistung dem Unternehmen Einstellungskosten in Form von Screening-, Ausbildungs- und Einarbeitungsaufwendungen.

Numerische Flexibilität ist insbesondere dann gefragt, wenn umfangreichere Umstrukturierungen innerhalb eines Unternehmens durch eine veränderte Marktlage erforderlich werden. Das kann durch eine stark veränderte Auftragslage der Fall sein, die nicht durch Überstunden oder - im Gegenteil - durch verringerte Arbeitszeiten aufgefangen werden kann. In diesem Fall ist der Auf- oder Abbau der Randbelegschaft immer dann sinnvoll, wenn aufgrund eines hochspezialisierten Anforderungsprofils an die einzelnen Arbeitsplätze der Umfang einer gut ausgebildeten Kernbelegschaft erhalten werden soll (Regini 2001:20/21). Im Hinblick auf Investitionsentscheidungen scheint daher unter Arbeitgebern die gesetzliche Regelungsdichte in Bezug auf befristete Beschäftigung, Zeit- oder Leiharbeit zum entscheidendsten Faktor bei der Arbeitsmarktflexibilität avanciert zu sein:[6]

---

[5] Der folgende Teil bezieht sich hauptsächlich auf die Bestimmungsgründe von Investitionsentscheidungen im verarbeitenden Sektor, da repräsentative empirische Untersuchungen beispielsweise für den Dienstleistungssektor bisher nicht vorliegen, vgl. Dörn u.a. 2000: 51.

[6] Die folgenden Daten können zwar nicht als repräsentativ für Investitionsentscheidungen allgemein angenommen werden, da sie einer speziellen Untersuchung über Direktinvestitionen in Deutschland und Großbritannien entnommen wurden. Breitere empirische Analysen zu Investitionsanreizen waren nicht verfügbar.

Tabelle 2.1: Investitionsanreize

Bedeutung von Arbeitsmarktfaktoren für Investitionsentscheidungen			
	Unternehmen mit Investitionen in		
	Deutschland	Großbritannien	gesamt
Verfügbarkeit qualifizierter Arbeitskräfte	1,78	1,09	1,29
Direkte Lohnkosten	1,11	1,50	1,39
Lohnnebenkosten	1,00	1,23	1,16
Flexibilität des Arbeitskräfteeinsatzes	1,45	1,50	1,49
Regulierung des Arbeitsmarktes	1,00	0,87	0,91
Arbeitgeber-Arbeitnehmerbeziehungen	0,89	0,87	0,88
Unternehmensbefragung 1998 des RWI Essen: Gewichtung: sehr wichtig=2, wichtig=1, unwichtig=0			

Quelle: Dörn, 2000

Die Umfrage zeigt, dass Investoren die jeweiligen Schwerpunkte bei Niederlassungs-
entscheidungen in Deutschland anders als in Großbritannien setzen. Das legt die
Vermutung nahe, dass jeder Standort seinen eigenen Investorenkreis attrahiert: In
Hochlohnländern mit hoher Regelungsdichte suchen Investoren vorrangig nach gut
ausgebildeten Arbeitskräften, während Großbritannien eher durch Lohnkostenvor-
teile und flexible Arbeitszeiten besticht. In der Rangfolge von Investorenkriterien
folgt anschließend die qualifikatorische Flexibilität. Produktivität soll also entweder durch ein hohes Ausbildungsniveau oder durch geringe Löhne erreicht werden.
Arbeitszeitflexibilität steht als Niederlassungskriterium jedoch in beiden Ländern
hoch im Kurs.

Der geeignetste Standort für die jeweilige Branche zeichnet sich durch eine optimale Kostenstruktur aus, um dem Preisniveau des Weltmarkts entsprechen zu können.
Für die Kalkulation der Produktionskosten müssen neben den einzelnen Faktor-
kosten (Arbeit, Rohstoffe, Kapital) ebenso die nicht direkt produktionsbezogenen
Kosten (Transaktionskosten) eingerechnet werden. Da Transport- und andere
Transaktionskosten in den vergangenen Jahrzehnten weiter gesunken sind und sich
die Kapitalmärkte weiter liberalisieren, nehmen die Arbeitskosten einen zunehmend
größeren Anteil an den Produktionskosten ein. Die Flexibilität der Löhne und der
Lohnstrukturen ist daher ebenfalls ein angemessenes Auswahlkriterium für die
Standortsuche. Bezüglich dieses Kriteriums wird sich die Wettbewerbsposition der
bisherigen EU-Mitgliedsstaaten wesentlich verschlechtern, sobald die Erweiterung
des gemeinsamen Binnenmarktes um die mittel- und osteuropäischen Länder voll-
zogen wird. Bereits in der ersten Runde treten Länder mit einem durchschnittlichen
Lohnniveau von 15-30% gemessen am EU-Durchschnitt bei (Susa-Heitzer 2001:
163). Besonders für außereuropäisches Kapital wird es zunehmend interessanter, in
den Beitrittsstaaten zu investieren (Arndt 2000: 216 ff.). Denn dort ist neben niedri-

gen sozialen und arbeitsrechtlichen Standards auch der Zugang zum gesamten EU-Binnenmarkt gegeben. Der erhöhte Wettbewerbsdruck wird sich also insbesondere auf die Reallöhne in den westeuropäischen Staaten niederschlagen. Rigide Löhne können in einigen Branchen zu einer Verlagerung von Produktionsstandorten führen (Susa-Heitzer 2001: 163 ff.).

Eine Investitionsentscheidung beinhaltet neben der Abwägung, ob die bisher genannten Faktoren in ausreichend flexibler Form vorliegen, natürlich eine Reihe anderer Kalküle.[7] Allerdings hat die RWI-Befragung ergeben, dass „Arbeitsmarktfaktoren" gleich nach dem „Zugang zu Märkten und spezifischen Kunden" als zweitwichtigstes Motiv für die Auswahl eines Landes als Investitionsstandort genannt wurde. Für Folgeinvestitionen wurde die Beschaffenheit des Arbeitsmarkts sogar als wichtigster Faktor bezeichnet. Dennoch ist die Flexibilität eines Arbeitsmarkts erst im Zusammenspiel mit anderen Faktoren ausschlaggebend für Investitionsentscheidungen.

Arbeitsmarkt und Währungsunion

Im Zuge der Vergemeinschaftung der Geldpolitik unter der Ägide der Europäischen Zentralbank wurden den Nationalstaaten zwei wichtige Instrumente zur Konjunktursteuerung genommen: die Abwertung der eigenen Währung und die uneingeschränkte Fiskalhoheit. Durch eine Währungsabwertung war es für die Mitgliedsländer der EU möglich, stark gestiegene Lohnkostenniveaus im Vergleich zum Ausland abzusenken und damit ihre Wettbewerbsposition zu verbessern. Die nationale Zentralbank, die das Problem der Lohnkostensteigerung erkannte, erhöhte hierzu die inländische Geldmenge, was die eigene Währung auf internationalem Parkett an Wert verlieren ließ. Dadurch musste mehr Geld für den Import von Waren verwendet werden. Da die teureren Importgüter für den Konsum und die Weiterverarbeitung gebraucht werden, mussten sich die Mehraufwendungen im einheimischen Preisniveau widerspiegeln. Während also die Preise steigen, blieben die Nominallöhne zunächst konstant. Folglich sank das Reallohnniveau auf ein Maß, das im internationalen Vergleich konkurrenzfähig war.

Von den europäischen Ländern, die sich in der Vergangenheit des Instruments der Währungsabwertung bedienten[8], haben jetzt nur noch Großbritannien, Dänemark und Schweden diese Möglichkeit. Denn alle anderen EU-Mitgliedstaaten, die Anfang 2001 die Gemeinschaftswährung eingeführt haben, können ihre Geldpolitik nicht mehr souverän gestalten. Die Europäische Zentralbank (EZB) wurde von den politischen Entscheidungsträgern vertraglich auf das Ziel der Preisstabilität verpflichtet, wodurch Abwertungsstrategien im Gebiet der Eurozone ausgeschlossen werden sollten.

---

[7] Ausführlicher dazu: Dörn 2000: 60.

[8] In der Literatur wird von den Euro-12 besonders Italien in diesem Zusammenhang genannt, s. Sarrazin 1998: 244.

Aufgrund der nun fehlenden Geldmengensteuerung und wegen der größeren Vergleichbarkeit von Lohnkosten nach dem Wegfall von Wechselkursschwankungen sind die Nationalstaaten um so mehr darauf angewiesen, dass strukturelle Unterschiede zwischen den verschiedenen Regionen sich in Lohnunterschieden abbilden. Denn eine höhere Transparenz der Produktpreise führt zu einer verstärkten Konkurrenz auf Unternehmerebene, aber auch zwischen den Arbeitnehmern, die diese Produkte erzeugen. Eine Flexibilisierung der Löhne ist also seit der Entstehung des gemeinsamen Währungsraums wichtiger geworden, weil die Konsequenzen einer verfehlten Arbeitsmarkt- und Lohnpolitik offen zutage treten. Auf einem gemeinsamen Markt mit starken Unterschieden in der Wirtschaftsstruktur kann eine Orientierung der Löhne an der Produktivitätsentwicklung durch eine Standortspezialisierung letztlich allen Teilnehmerstaaten zugute kommen: Die Differenz zwischen den nationalen Qualifikationsstandards und den Produktivitätsniveaus muss sich für Investoren durch unterschiedliche Lohnniveaus auszahlen. Denn nur auf diesem Weg können die Mitgliedsstaaten ihre komparativen Kostenvorteile in Wirtschaftswachstum verwandeln.

Robert Mundell formulierte 1961 die Anforderungen, die ein Wirtschaftsraum erfüllen müßte, damit die Einführung einer gemeinsamen Währung erfolgreich wäre. Seine Theorie postuliert, dass die angeschlossenen Ökonomien wenigstens eine der folgende Voraussetzungen erfüllen sollten, um einen optimalen Währungsraum zu bilden:

- Entweder sollten die Güter- und Faktorpreise, insbesondere die Löhne, in den zugehörigen Volkswirtschaften hochgradig flexibel sein

- oder die Arbeitnehmer müssten sich innerhalb des Währungsraums durch geographische Mobilität der Nachfrage anpassen

- oder die mit gemeinsamer Währung wirtschaftenden Ökonomien müssten von Schocks weitgehend symmetrisch betroffen sein

Bemerkenswert ist, dass Mundell heute zwar keine dieser Bedingungen zwischen den EU-Mitgliedern in ausreichendem Maße erfüllt sieht, aber dennoch inzwischen zu den glühenden Verfechtern einer europäischen Währungsunion zählt (Didzoleit 2002: 34). Denn statt die oben genannten Flexibilitäten notwendigerweise als Eingangsbedingungen zu betrachten, kann die Einführung der Gemeinschaftswährung den notwendigen Druck zur Flexibilisierung der nationalen Arbeitsmärkte erzeugen (Dohse/Krieger-Boden 1998: 18).

Finanzielle und numerische Flexibilität ist noch aus einem anderen Grund entscheidend: Durch den Stabilitätspakt sind die nationalen Staatshaushalte vertraglich verpflichtet, ihre Neuverschuldung unter 3% des BIP zu halten. Diese Grenze kann jedoch durch das Auftreten hoher Arbeitslosigkeit infolge von Nachfrageeinbrüchen leicht überschritten werden (Belke/Kösters 2000: 42 ff.). In einer solchen Situation greifen die sozialen Sicherungssysteme als „automatische Stabilisatoren" ein, um Armut innerhalb der Bevölkerung zu verhindern. Da ein ausgeglichener Haushalt von den meisten EWU-Mitgliedern jedoch bei weitem nicht erreicht wird, kann diese Finanzierung von Massenarbeitslosigkeit leicht zum Verstoß gegen die Neuverschuldungsgrenze führen. Daher hängt die Aufrechterhaltung des Stabilitäts- und Wachstumspakts wesentlich davon ab, dass die Arbeitsmärkte in Zukunft schneller auf Nachfrageschwankungen durch finanzielle und numerische Flexibilität reagieren.

Fazit

Zwischen den einzelnen Dimensionen des Flexibilitätsbegriffs ist eine Substitution in vielen Bereichen möglich. Daher haben die nationalen Gesetzgeber die Möglichkeit, die Anpassungsfähigkeit ihrer Arbeitsmärkte über verschiedene Wege zu erreichen. In Kapitel IV wird eine Untersuchung der aktuellen Reaktionsfähigkeit der 15 verschiedenen Arbeitsmärkte zeigen, welche Entwicklungspfade die verschiedenen Ländergruppen gewählt haben und wie erfolgreich sie damit waren.

Arbeitsmärkte weisen eine große Interdependenz zu anderen Bereichen der Volkswirtschaft auf. Im Hinblick auf die Wettbewerbsfähigkeit des EU-Binnenmarkts als Investitionsstandort und bezüglich der Währungsunion ist die Flexibilität der Arbeitsmärkte sogar von elementarer Bedeutung für die zukünftige ökonomische Entwicklung Europas. Das folgende Kapitel soll nun zeigen, ob diese Herausforderungen von der EU erkannt und durch entsprechende Maßnahmen zur Arbeitsmarktflexibilisierung berücksichtigt wurden.

III   Bisheriger Beitrag der EU

Im folgenden Kapitel soll die Geschichte der EU-Arbeitsmarktpolitik[9]– fokussiert auf die Flexibilisierung – nachgezeichnet werden. Ziel ist es, die Veränderung der Politikansätze nachzuvollziehen, um aus dieser Entwicklung den Stellenwert der Flexibilisierungspolitik für die Gemeinschaft einschätzen zu können. Von einer Zuordnung von Flexibilisierungsmaßnahmen der einzelnen Staaten zu den Initiativen der EU wird jedoch abgesehen. Denn trotz der Erweiterung der Gemeinschaftskompetenzen in der Arbeitsmarktpolitik infolge des Amsterdamer Vertrages, ist das Mandat bis dato zu schwach, als dass die EU die arbeitsmarktpolitische Ausrichtung der Mitgliedsstaaten direkt steuern könnte. Somit ist davon auszugehen, dass die Regierungen auch nach Inkrafttreten des Amsterdamer Vertrages nur solche Flexibilisierungsanstrengungen unternommen haben, die auch ohne EU-Mitgliedschaft in ihrem nationalen Interesse gewesen wären. Dennoch ist es interessant, Interessenkoalitionen aufzudecken, um aus der Art der Präferenzen und ihrer Durchsetzung im Verhandlungsprozess Perspektiven für einen weitergehenden Beitrag der EU in Kapitel V zu entwickeln.

3.1   Die Ausgangssituation

Bei Gründung der Europäischen Wirtschaftsgemeinschaft wurde eine gemeinsame Politik zur Optimierung des Arbeitsangebots innerhalb der Gemeinschaft zwischen den Staats- und Regierungschefs der beteiligten Länder Frankreich, Deutschland, Italien und den Benelux-Staaten nicht vereinbart. Allerdings begünstigten die allgemeinen Zielsetzungen aus Art.2 des Vertrags über die Europäische Gemeinschaft (EGV) - darunter namentlich das Ziel, ein „hohes Beschäftigungsniveau" zu fördern - die nachträgliche Vergemeinschaftung der Arbeitsmarktpolitik. Bis zum Amsterdamer Vertrag sollten jedoch vorrangig wirtschaftspolitische Maßnahmen zu mehr Investitionen und damit zu mehr Beschäftigung führen. In den ersten drei Jahrzehnten der Europäischen Gemeinschaft wurde also fast ausschließlich die Nachfrageseite der nationalen Arbeitsmärkte durch eine gemeinsame Politik stimuliert. Primärrechtlich verankerte Kompetenzen bezüglich der Angebotsseite wurden den Organen der Europäischen Union nicht zugestanden. Die einzige Ausnahme kann in der Einrichtung des Europäischen Sozialfonds (ESF) gesehen werden, dessen Aufgabe darin bestand, die qualifikatorische Flexibilität der Bevölkerung zu fördern.

Bis 1993 gab es lediglich vereinzelte Initiativen im Bereich der Arbeitsmarkt- und der Sozialpolitik auf EU-Ebene, die jedoch nicht bei der Rigidität der nationalen

---

[9] Arbeitsmarktpolitik wird im Folgenden verstanden als die Summe aller Regelungen, Einrichtungen und Aktivitäten, welche die generellen Beziehungen zwischen Angebot und Nachfrage auf den Arbeitsmärkten beeinflussen, (s. Pauer 2000: 194). Der Terminus „Flexibilisierungspolitik" wird eingeführt, um den Inhalt des Begriffs Arbeitsmarktpolitik weiter einzuschränken.

Arbeitsmärkte einhakten (Däubler 1999: 522 ff.). Beschäftigungswirkungen wurden durch Marktliberalisierung angestrebt, während eine europäische Regulierung der nationalen Arbeitsmärkte abgelehnt wurde. Wirtschaftswachstum sollte die negativen Wirkungen rigider Arbeitsmärkte vermindern. Sogar gegen die steigende strukturelle Arbeitslosigkeit wurde die Wachstumspolitik als hinreichendes Mittel angesehen (Pauer 2000: 196-198).

3.2 Der Perspektivenwechsel: Weißbuch 1993

Die mangelnde Flexibilität der europäischen Arbeitsmärkte wurde erstmals im Weißbuch „Wachstum, Wettbewerbsfähigkeit, Beschäftigung" (Europäische Kommission 1993) als Problem bezeichnet. Insgesamt stellte die Europäische Kommission auf dem Gipfel 1993 in Brüssel das Thema Arbeitslosigkeit in den Mittelpunkt der Diskussion, da sie von der überall in Europa aufgetretenen Unterbeschäftigung eine Gefahr für die ökonomische und politische Stabilität der EU ausgehen sah. Denn seit Maastricht verbreitete sich die europhobe Einschätzung, dass die ökonomische Integration zur Vernichtung von Arbeitsplätzen beitrage (Aust 1997: 112/113, Pauer 2000: 200). Maßnahmen zum Abbau der Arbeitsmarktrigiditäten, welche die wirtschaftliche Dynamik bremsten und den Nutzen des Binnenmarktes reduzierten, waren dabei nur eines von drei Kernelementen der Kommissionsempfehlungen. Das Weißbuch zielte erstmals darauf ab, einen Konsens für eine europaweit koordinierte Vorgehensweise zu erreichen. Die Beschäftigungspolitik sollte dazu in andere Politikbereiche integriert werden (Goetschy 1999: 5 ff.). Die Flexibilisierung betreffend wurden folgende Lösungsansätze vorgestellt:

- Zur Erreichung von qualifikatorischer Flexibilität sollten die Bildungssysteme der Mitgliedsstaaten sich an den erfolgreichen Vorlagen der Nachbarn orientieren. Diese Ausrichtung am „best-practice"-Modell sollte lebenslanges Lernen in den Mittelpunkt der Bildungsangebote stellen und den Zugang zu Weiterbildung erleichtern (Europäische Kommission 1993: 18).

- Numerische Flexibilität sollte durch ein ganzes Bündel von Maßnahmen erzielt werden, darunter die Lockerung von Kündigungsschutzvorschriften, die Kürzung von Lohnersatzleistungen oder durch Wiedereingliederungshilfen für Arbeitslose (ebd.: 19).

- Zur Erhöhung der unternehmensinternen Flexibilität legte die Kommission den Arbeitgebern nahe, leistungsbezogene Lohnanreize oder flexible Arbeitszeiten einzusetzen. Ziel dieser Initiative sollte es sein, die Beschäftigten soweit möglich trotz schwankender Auftragslage im betrieblichen Produktionsprozess zu halten (ebd.: 18).

- Arbeitszeiten sollten auf den nationalen Arbeitsmärkten künftig durch dezentrale Vereinbarungen auf die jeweiligen Unternehmensbedürfnisse abgestimmt werden. Besonders von Ruhestandsregelungen, Jahresarbeitszeitmodellen und von Teilzeitbeschäftigung wurde eine flexiblere Gestaltung erwartet (ebd.: 20).

- Die Notwendigkeit von Lohnflexibilität insgesamt wie auch eine stärkere Lohnspreizung gestaffelt nach Qualifikationsniveaus wurden betont. Zwischen den Staaten und den Regionen sollten die Lohndifferenzen sichtbar werden (ebd.: 70/71).

Die Bedeutung des Weißbuchs bei der Beurteilung der bisher geleisteten Beiträge der EU zur Flexibilisierung liegt vor allem in seiner neuen Ausrichtung: Gegenüber der wachstumsorientierten Beschäftigungspolitik zuvor, wurde hier erstmals der Fokus auf potentielle Mängel der Angebotsseite gelegt und Interventionen seitens der EU in Betracht gezogen. Der bisher vorherrschende Ansatz, Beschäftigung über die Nachfrageseite zu stimulieren, sollte also um eine Reform der Arbeitsmärkte ergänzt werden. Allerdings handelt es sich bei diesem Weißbuch ausschließlich um ein unverbindliches Kommissionsdokument, das lediglich dazu angelegt war, in den Mitgliedsstaaten Diskussionen über ein weiteres Vorgehen auf diesem Gebiet anzuregen (Pauer 2000: 200). Inhalt des Buchs waren also nur Empfehlungen, da den EU-Organen ein Weisungsrecht gegenüber Unternehmen oder Regierungen der Mitgliedsstaaten in Form einer Gesetzgebungskompetenz nicht zustand. Da der Rat der Finanzminister nach einer Diskussion des Weißbuchs jegliche kostspieligen Programme zu den genannten Bereichen ausdrücklich ablehnte, hielten sich die Auswirkungen der Delors-Initiative bis zum ersten Fortschrittsbericht 1994 (Europäische Kommission 1994) in engen Grenzen (Goetschy 1999: 5). Festzuhalten ist jedoch, dass in diesem Weißbuch bereits für alle Dimensionen der Flexibilisierungspolitik Maßnahmen vorgeschlagen wurden.

3.3. Auf der Suche nach Konsens: Der Essen-Prozess

Unter dem Einfluss rapide ansteigender Arbeitslosigkeit[10] ging der Gipfel in Essen 1994 als erster europäischer Regierungsgipfel mit explizitem Arbeitsmarktschwerpunkt in die EU-Geschichte ein. Dort diskutierten die Staats- und Regierungschefs einen Bericht der Kommission über die nationalen Beschäftigungspolitiken[11] und verabschiedeten anschließend eine gemeinsame Arbeitsmarktstrategie. Flexibilisierungsforderungen wurden insbesondere im Bereich der Qualifikation in dem gemeinsamen Konzept berücksichtigt.[12] Hier sollten größere Investitionen in die Bildungssysteme und der Übergang zu einer aktiven Arbeitsmarktpolitik die

---

[10] Eine detailliertere Darstellung der wachsenden Beschäftigungsproblematik findet sich bei Goetschy 1999.

[11] Der Begriff der Beschäftigungspolitik schließt alle Maßnahmen staatlicher und nichtstaatlicher Institutionen zur Verbesserung der Beschäftigungslage ein. Er ist also weiter gefasst als der Terminus Arbeitsmarktpolitik, weil die Beschäftigungspolitik auch die Konjunktur- und Wachstumspolitik umfasst, (s. Pauer 2000: 193).

[12] Eine Erklärung, warum Qualifikation scheinbar der kleinste gemeinsame Nenner war, folgt in Kapitel V.

Weichen für einen wirksamen Kampf gegen die Arbeitslosigkeit stellen. Außerdem wurden Maßnahmen zur Mäßigung von Lohnabschlüssen vorgeschlagen.

Die Staats- und Regierungschefs bestimmten darüber hinaus, dass die Essener Strategie über nationale Mehrjahresprogramme zur Beschäftigungspolitik implementiert werden sollte. Überwacht würde die Umsetzung der Empfehlungen in eine nationale Beschäftigungspolitik durch das sogenannte „Essen-follow-up". Die Europäische Kommission, der Rat der Wirtschafts- und Finanzminister und der Sozialministerrat erarbeiteten hierzu einen gemeinsamen Bericht, der auf Reporten der Mitgliedsstaaten beruhte. Dieser Gemeinschaftsbericht über die Situation auf den nationalen Arbeitsmärkten wurde schließlich auf beschäftigungspolitischen Sondergipfeln durch den Europäischen Rat behandelt. Der Rat zog seinerseits Schlussfolgerungen und sprach weitere Empfehlungen an die Mitgliedsstaaten aus.

Das „Essen-follow-up" blieb allerdings rechtlich unverbindlich. Bedeutung kam ihm insoweit zu, als hier erstmals ein gewisser Mindestkonsens auf Unionsebene gefunden wurde, in dem auch Flexibilisierungsansätze aus den Bereichen Qualifikation und Lohnpolitik zur Reformierung der Arbeitsmärkte verfolgt wurden. Durch die Verständigung auf eine gemeinsame Basis reicht der Essen-Prozess über das Weißbuch hinaus, welches nur die Haltung eines einzelnen Akteurs (der Kommission) zur Arbeitsmarktflexibilität widerspiegelte. In der Folgezeit wurde die Europäische Kommission zur treibenden Kraft in der Beschäftigungspolitik, während die Mitgliedsstaaten bei der Umsetzung der Vorhaben weniger Engagement zeigten (Aust 1997: 116). Die Beschränkung des Essen-Prozesses auf qualifikatorische und finanzielle Flexibilisierung zeigt jedoch, dass auf der Suche nach einem Konsens weitreichende Abstriche gegenüber den Reformvorschlägen des Weißbuchs notwendig waren. In der Flexibilisierungspolitik blieb der Essen-Prozess weit hinter den Erwartungen zurück, die das Weißbuch geweckt hatte. Denn Arbeitszeit- und numerische Flexibilität wurden im Essen-Prozess nicht einmal berücksichtigt.

3.4 Der Vertrag von Amsterdam und seine Hintergründe

Im Vorfeld der Regierungskonferenz 1996 zeichnete sich ein zunehmend größeres Interesse an der Verankerung beschäftigungspolitischer Kompetenzen im EU-Vertrag ab (Pauer 2000: 205 ff.). Über die Tiefe einer möglichen Integration wurde auf dem Gipfel allerdings kräftig gestritten. Dabei standen folgende Alternativen zur Auswahl:

- Entscheidungsbefugnisse auf die EU zu übertragen, was einen Souveränitätsverlust der Nationalstaaten bedeutet hätte,

- der Gemeinschaft eine Koordinierungsfunktion einzuräumen, wobei die Entscheidungsautonomie auf nationaler Ebene verbliebe. Für diesen Fall war

zu entscheiden, ob Sanktionsmechanismen eingeführt würden, um die gemeinsame Vorgehensweise durchsetzen zu können,

- oder ein formelhaftes Bekenntnis zur Bedeutung von Beschäftigungspolitik
  interpretierbaren Inhalts in den Vertrag einzufügen, das keine Verpflichtungen
  für die Mitgliedsstaaten beinhaltet.

Um nachzuvollziehen, wie sich Interessen auf EU-Ebene formieren und durchsetzen können, wird dieser Teil der Untersuchung etwas breiter behandelt.

3.4.1 Die Positionen

In Deutschland und Großbritannien fanden sich zwei entschiedene Gegner einer
Vergemeinschaftung der Arbeitsmarktpolitik. Die Kritik beider Staaten bezog sich
insbesondere auf den angebotsorientierten Ansatz. Die Regierungen hielten an der
klassischen Überzeugung fest, dass nicht die Gesetzgebung, sondern die Wirtschaft
allein für neue Arbeitsplätze sorgen könnte (Kotzias 1997: 198 ff.). Stärkste
Befürworter einer gemeinsamen Beschäftigungspolitik waren Schweden, Dänemark
und Österreich (Pauer 2000: 205).

Interessanterweise entstand durch die unverbindlichen Beschlüsse der vorangegangenen Gipfel Handlungsdruck durch öffentliches Interesse, der die Regierungschefs
letztlich zu einer Vergemeinschaftung veranlasste (Schatz 2001: 539): Sobald
arbeitsmarktpolitische Themen auf europäischer Ebene diskutiert wurden und eine
Serie von Sondergipfeln bestimmt hatten, wuchs der Erwartungsdruck gegenüber
wirksamen Lösungsansätzen der Gemeinschaft. Da die nationalen Regierungen keine
wirksamen Strategien gegen steigende strukturelle und Langzeitarbeitslosigkeit
vorlegten, entstand eine gesellschaftliche Nachfrage nach europaweiten Lösungs-
konzepten, die eine stärkere Bindung der nationalen Arbeitsmarktpolitiken erfor-
derten. Für einzelne Regierungen wurde es zunehmend schwerer, den Forderungen
nach verbindlichem und gemeinsamem Handeln angesichts der wachsenden
Arbeitsmarktproblematik zu widerstehen. Ein zusätzlicher Anreiz bestand darin, die
gemeinsam entworfene Politik als Rechtfertigung im Sinne eines two-level games
(Putnam 1988) zu benutzen. Einerseits konnte so Verantwortlichkeit für Arbeitsmarktdaten öffentlichkeitswirksam auf die EU abgewälzt und damit von der Wirkungslosigkeit der eigenen Maßnahmen abgelenkt werden (Köster 1998: 758). Andererseits
konnten Reformvorhaben gegenüber Arbeitnehmervertretungen durch den Hinweis
auf den Einigungsdruck im Ministerrat legitimiert werden („tied hands strategy‘,
vgl. Schelling 1960: 19 ff.).

Entscheidend war außerdem die Schwächung der deutschen Verhandlungsposition
durch die Vorbereitung der dritten Stufe der Europäischen Währungsunion (Schatz
2001: 540). Hier hatte Deutschland aus Furcht vor potentiell desolater Haushalts-
und Finanzpolitik einiger EWWU-Mitgliedsstaaten auf der Einrichtung des Stabili-

täts- und Wachstumspakts bestanden, um auf diesem Wege die Wertbeständigkeit der künftigen europäischen Währung abzusichern. Gegen diese Einschränkung nationaler Fiskal- und Finanzsouveränität regte sich in einigen Ländern heftiger Widerstand. Unter Führung Frankreichs forderten die Gegner des Stabilitäts- und Wachstumspakts, dass das Ziel eines hohen Beschäftigungsniveaus gleichrangig gegenüber der Preis-, Haushalts- und Währungsstabilität behandelt werden müsse.[13]

Unter der niederländischen Ratspräsidentschaft kam am 16. und 17. Juni 1997 ein Kompromiß zustande. Dieser beinhaltete, dass der EG-Vertrag um ein beschäftigungspolitisches Kapitel zu erweitern sei und der Gemeinschaft die *Koordinierungs*kompetenz für dieses Ressort übertragen würde. Eine Übertragung von Entscheidungskompetenzen an die EU-Organe konnte die Kommission also nicht durchsetzen. Stattdessen würden die nationalen Politiken im Rahmen der EU-Gremien lediglich abgestimmt. Die Koordinierung der Arbeitsmarktpolitik wurde als „Paketlösung" mit der Entscheidung für eine gemeinsame Währung zusammengeschnürt und damit Zugeständnisse aus unterschiedlichen Politikbereichen miteinander verrechnet.[14] Ungewöhnlich für die Begründung gemeinsamer Politikfelder ist jedoch, dass Deutschland sich als Interessenvertreter der Nettozahler innerhalb der Gemeinschaft mit seiner Forderung durchsetzen konnte, diese Aufgabenerweiterung „haushaltsneutral" zu gestalten. Denn für die gemeinsamen beschäftigungspolitischen Programme sollten nur Mittel aus Budgetumschichtungen verwendet werden, sodass die Eigenmittelobergrenze von 1,27 % des nationalen BIP unangetastet blieb.

3.4.2 Verhandlungsergebnisse und Konzeption

Als Resultat der Regierungskonferenz 1996 wurde am 2. Oktober 1997 der Vertrag von Amsterdam ratifiziert, der der Europäischen Union eine neue Verfassung gab. Im Hinblick auf die Arbeitsmarktpolitik bestand die Innovation des Vertrages in der expliziten Verpflichtung der Mitgliedsstaaten und der EU-Organe auf die „*Förderung der Qualifizierung, Ausbildung und Anpassungsfähigkeit der Arbeitnehmer sowie der Fähigkeit der Arbeitsmärkte, auf die Erfordernisse des wirtschaftlichen Wandels zu reagieren*" als Bestandteil der gemeinschaftlichen Rechtsgrundlagen. Denn aus dieser Formulierung läßt sich die Möglichkeit ableiten, unter dem Dach

---

[13] Seitens einer kleinen Gruppe von Staaten wurde unter der Wortführerschaft Schwedens sogar eine „Employment Union" gefordert, die dieselbe Integrationstiefe wie die European Monetary Union haben sollte. Außerdem gab es den Vorschlag, die Erfüllung der gemeinsam erarbeiteten Kriterien zur Voraussetzung für die Teilnahme an der EMU zu machen (s. Larson 2002: 8).

[14] Andere Autoren interpretieren die Ergebnisse des Amsterdamer Vertrages als Handel zwischen beschäftigungspolitischen Zugeständnissen und einer Einigung bei der Stimmengewichtung im Rat, s. Kotzias 1997: 202.

der EU eine forcierte Flexibilisierung der nationalen Arbeitsmärkte in allen Bereich der Anpassungsfähigkeit (numerisch, zeitlich, qualifikatorisch und finanziell) voranzutreiben. Ob von diesen Chancen durch das neue Koordinierungsverfahren Gebrauch gemacht wurde und wirksame Prozesse zur Überwindung von Arbeitsmarktrigiditäten eingeleitet wurden, ist Inhalt der folgenden Analyse.

Zur Konzeption: In Art. 128 EGV des Beschäftigungskapitels wurde ein detailliertes Koordinierungs- und Berichtsverfahren festgelegt. Danach erstellt die Kommission zunächst einen Beschäftigungsbericht. Anhand dieses Reports prüft der Rat die Beschäftigungslage und zieht Schlußfolgerungen, z. B. in Form von Aufträgen zur weiteren Vorgehensweise. Basierend auf diesen Schlußfolgerungen schlägt die Kommission Leitlinien vor, die der Rat mit qualifizierter Mehrheit beschließt oder sie verwirft. Um seine Entscheidung zu untermauern, hört der Rat vor seiner Beschlußfassung das Europäische Parlament, den Wirtschafts- und Sozialausschuss[15], den Ausschuss der Regionen[16] und den neu installierten Beschäftigungsausschuss[17]an. Die Mitgliedstaaten sind verpflichtet, dem Rat einen jährlichen Bericht über die Umsetzung der Leitlinien auf ihrem nationalen Arbeitsmarkt zu liefern. Daraufhin prüft der Rat die Beschäftigungspolitik aller Länder. Er kann dabei auf Vorschlag der Kommission Empfehlungen an die Mitgliedstaaten richten. Gemeinsam mit der Kommission erstellt der Rat abschließend einen Jahresbericht über die Beschäftigungslage und die Umsetzung der beschäftigungspolitischen Leitlinien.

3.4.3 Bewertung des Beitrags

Eine Beurteilung möglicher flexibilisierungsorientierter Fortschritte anhand des neuen Vertragstextes würde zu verzerrten Ergebnissen führen. Denn neben der neuen gesetzlichen Qualität durch die Verankerung einer gemeinschaftlichen Beschäftigungspolitik im EGV, waren die direkt erkennbaren Resultate recht mager: Es wurden keine Sanktionsmöglichkeiten festgelegt, keine überprüfbaren Zielmargen abgesteckt und die Bereitstellung zusätzlicher Mittel zur Umsetzung der neuen Politik wurde explizit ausgeschlossen. Wie die obige Darstellung zeigt, handelt sich es um ein formelles Verfahren, das hauptsächlich auf ein ausgedehntes Berichtswesen

---

[15] Der Wirtschafts- und Sozialausschuss hat ausschließlich beratende Funktion und besteht laut Art. 257 EGV aus insgesamt 222 Vertretern verschiedener Gruppen des wirtschaftlichen und sozialen Lebens. Jeder Mitgliedsstaat benennt eine festgelegte Anzahl an Vertretern, die vom Rat für vier Jahre einstimmig ernannt werden.

[16] Gemäß Art. 263 EGV gleicht dieser Ausschuss dem Wirtschafts- und Sozialausschuss in Größe, Ernennungsmodalität der Mitglieder und der beratenden Aufgabe. Allerdings setzt sich er sich aus Vertretern der regionalen und lokalen Gebietskörperschaften zusammen.

[17] Gegenüber den vorher beschriebenen Ausschüssen entsendet jeder Mitgliedsstaat ebenso wie die Kommission nur zwei Repräsentanten in dieses Gremium. Der Beschäftigungsausschuss hat in dem Verfahren laut Art. 130 EGV die Aufgabe, den Rat in der Ausübung von beschäftigungspolitischen Funktionen zu unterstützen und soll dabei in Konsultation mit den Sozialpartnern die jeweiligen Bedürfnisse von Angebots- und Nachfrageseite ausloten.

gestützt ist. Ob es sich – wie kritische Stimmen vermuten lassen – um einen zahnlosen Tiger handelt, ist im Folgenden zu untersuchen. Die Bewertung des Beitrags, der in Amsterdam erzielt wurde, folgt daher erst im Zusammenhang mit der Umsetzung des Verfahrens, dem sogenannten Luxemburg-Prozess.

3.5 Der Luxemburg-Prozess

Sichtbar wurde das Potenzial der Amsterdamer Neuerungen erst ein halbes Jahr darauf, als das beschriebene Verfahren unter der Präsidentschaft des luxemburgischen Regierungschefs Jean Claude Junker in Gang gesetzt wurde. Nach einer ausführlichen Analyse der Beschäftigungsproblematik auf den EU-Arbeitsmärkten wurden vier Pfeiler für die Leitlinien ausgemacht, von denen jedoch nur zwei von deutlichen Forderungen nach Flexibilisierung dominiert werden[18]:

3.5.1 Pfeiler und Leitlinien

* Verbesserung der Beschäftigungsfähigkeit der Arbeitnehmer:

  Dieser Schwerpunkt der Luxemburger Leitlinien berührt die Thematik der quali-fikatorischen Flexibilität, da hier als eine Modernisierung der Bildungs- und Ausbildungssysteme gefordert wird, um das Qualifikations-Mismatch auf den EU-Arbeitsmärkten zu überwinden. Arbeitssuchenden Jugendlichen (Erwachsenen) soll den Leitlinien entsprechend innerhalb der ersten sechs (zwölf) Monate ihrer Arbeitslosigkeit eine Qualifizierung, Aus- oder Weiterbildung angeboten werden. Langzeit- und Jugendarbeitslosigkeit sollen auf diese Art reduziert werden. Von den Regierungen wird damit verlangt, mehr Mittel in die Bekämpfung von Arbeitslosigkeit zu investieren, um strukturelle Arbeitslosigkeit zu verringern. Übergangsfristen von fünf Jahren sollen den Mitgliedsstaaten Spielraum zur Finanzierung dieser Qualifikationsmaßnahmen einräumen. Für Länder mit besonders hoher Arbeitslosigkeit konnte Spanien verlängerte Fristen aushandeln. Deutschland setzte sich bei der Festlegung von Partizipationsquoten für Qualifizierungsmaßnahmen durch (Goetschy 1999): Verglichen mit dem Kommissionsvorschlag sollen nur 20% statt der geforderten 25% aller Arbeitslosen in die Qualifikationsmaßnahmen einbezogen werden.

* Förderung der Anpassungsfähigkeit der Unternehmen und ihrer Arbeitskräfte:

  Innerhalb dieses strategischen Grundpfeilers wird das Ziel verfolgt, Unterneh-

---

[18] Der Schwerpunkt zur Entwicklung des Unternehmergeistes enthält eine Forderung nach steuerlichen Vorteilen für Unternehmen, die Aus- und Weiterbildung anbieten. Hier ist der Bereich der qualifikatorischen Flexibilität tangiert. Der vierte Pfeiler zur Stärkung der Chancengleichheit streift die Flexibilisierungsthematik im Bereich der Forderung nach verbesserten Teilzeitangeboten (Arbeitszeitflexibilität) und nach stärkeren Qualifizierungsanstrengungen, um die Rückkehr ins Berufsleben zu erleichtern (qualifikatorische Flexibilität). Allerdings enthalten diese beiden Pfeiler insoweit nur zielgruppenspezifische Ausprägungen der Forderungen, die auch die zwei anderen Pfeiler stellen.

men und Arbeitskräfte zur Anpassung an veränderte Marktbedingungen zu befähigen. Die Unternehmer werden aufgefordert, eine Balance zwischen flexibler Arbeitsorganisation und der Absicherung von Arbeitnehmern zu finden, die mit der Konkurrenzfähigkeit und der Produktivitätssteigerung ihres Sektors in Einklang stehen. Als wünschenswerte Maßnahmen zur Veränderung von Arbeitszeitmodellen werden konkret die Forcierung von Teilzeit, eine allgemeine Verkürzung von Regelarbeitszeiten und ein Abbau von Überstunden angesprochen. Festzustellen ist jedoch, dass es sich bei zwei von drei Vorschlägen um Maßnahmen zur Umverteilung von Arbeit handelt. Zur Flexibilisierung könnte ein höheres Angebot an Teilzeitarbeit beitragen, während die zwei anderen Maßnahmen die Anpassungsfähigkeit der Arbeitsmärkte verringern.

Im Bereich der numerischen Flexibilität werden die nationalstaatlichen Regierungen aufgefordert, ihre Gesetzgebung gegenüber atypischen Beschäftigungsformen zu liberalisieren. Damit sind primär befristete Beschäftigungsverhältnisse gemeint. Mit dieser Forderung ist in allen Leitlinien-Versionen gleichzeitig der Ruf nach mehr Absicherung für Arbeitnehmer mit atypischen Beschäftigungsverhältnissen verbunden. Hier propagiert die Europäische Kommission also ein Flexicurity-Modell[19].

Qualifizierungsanstrengungen sollen zusätzlich zur Anpassungsfähigkeit beitragen. Im Unterschied zum ersten Pfeiler der Leitlinien ist hier die stärkere Einbindung von Unternehmern intendiert, die durch steuerliche und andere finanzielle Anreize zu mehr Engagement in Aus- und Weiterbildungsmaßnahmen bewegt werden sollen.

Im Anschluß an die Festlegung von 20 Leitlinien zur Konkretisierung dieses Rahmens waren alle Staaten aufgefordert, nationale Aktionspläne zur Umsetzung der Vorgaben aufzustellen. Die Leitlinien haben sich seit 1998 nicht grundlegend verändert, sie wurden nur neu akzentuiert.[20] Allein bei den Leitlinien für 2002 ist eine neue Dynamik spürbar. Das Ziel der Vollbeschäftigung wird in den Vordergrund gerückt und die Ziele insgesamt konkreter ausformuliert. Um dieses Ziel zu erreichen, wird den Staaten die Bereitstellung von Anreizen (zur Arbeitsaufnahme, zur Qualifikationsförderung, zur Partizipation am Lebenslangen Lernen) empfohlen. Hier scheint die Aufbruchstimmung des Gipfels von Lissabon - auf dem Europa in Zukunft als dynamischster Wirtschaftsraum beschworen wurde - noch nachzuwirken.[21] Die Staats- und Regierungschefs ließen sich derzeit zu einer Formulierung konkreter Zielmarken zur Beschäftigungssteigerung hinreißen, an der die Qualität

---

[19] Flexicurity meint eine Mischung aus verstärktem Einsatz flexibler Arbeitsmarktinstrumente bei gleichzeitig größerer Absicherung der Beschäftigten. Nähere Erläuterungen und Kritik: s. Kapitel IV.

[20] Von 1998 bis 1999 gab es eine leichte Betonung des Aspekts der Messbarkeit und Vergleichbarkeit, indem die Auswahl von Indikatoren stärker berücksichtigt wurde. Seit dem Jahr 2000 legen die Leitlinien ein größeres Gewicht auf das Ziel einer wissensbasierten Gesellschaft und auf die Notwendigkeit des Zugangs zu neuen Medien.

[21] Die Stimmung auf diesem Gipfel wurde vermutlich durch das starke Wirtschaftswachstum des Jahres 2000 beflügelt.

ihrer Politik anschließend von den Medien gemessen wurde. Seit dem Einbruch des Neuen Markts und der einsetzenden Rezession gelten die Beschäftigungsziele als unrealistisch und schürten seitdem den Unwillen gegenüber quantitativen Zielvorgaben.

3.5.2 Bewertung des Beitrags

Insgesamt streben die in den Leitlinien formulierten Ziele des Luxemburger Prozesses nur begrenzt eine Flexibilisierung des Arbeitsmarktes an. Das Ziel der Qualifikationssteigerung nimmt zwar einen weiten Raum ein, da es querschnittsmäßig in jedem der vier Pfeiler auftaucht. Dagegen sind die anderen Facetten der Anpassungsfähigkeit unterrepräsentiert: Die zeitliche Flexibilisierung steht im Konflikt zu den anderen Arbeitszeitmodellen (s.o.). Eine Förderung von numerischer Flexibilität wird ausschließlich im Rahmen von atypischen Beschäftigungsverhältnissen gefordert und hier teilweise durch den Ruf nach einer besseren Absicherung dieser Arbeitnehmergruppe konterkariert.[22] Die finanzielle Flexibilität wird in keiner der Leitlinien deutlich angesprochen. Unter Berücksichtigung der Tarifautonomie der Sozialpartner wird nur an deren Verantwortungsgefühl appelliert ohne jedoch konkretere Empfehlungen zu verabschieden. Insgesamt zeichnet sich bei Begutachtung der Leitlinien ab, dass Flexibilisierungsforderungen gegenüber Empfehlungen zur Verbesserung der Arbeitsbedingungen in den Hintergrund treten.

Durch die konkrete Umsetzung des Verfahrens zeigte sich, dass die drei oben genannten Kritikpunkte der Unverbindlichkeit wegen mangelnder Sanktionsmöglichkeiten, der fehlenden quantitativen Zielvorgaben und der befürchteten Bedeutungslosigkeit von Beschlüssen ohne finanzielle Deckung wie folgt einzuschätzen sind:

- Fehlende Sanktionen: Im politischen Prozess kann eine öffentliche Rüge ein stärkerer Sanktionsmechanismus als eine Geldstrafe sein, wenn dieser Tadel infolge großen öffentlichen Interesses in den Medien breit diskutiert wird, und dadurch die Legitimation einer bestimmten Politik beschädigt wird. Die Koordinierungsmethode kann daher theoretisch starken Handlungsdruck erzeugen. Praktisch scheitert die Wirksamkeit jedoch an den Widerständen der politischen Entscheidungsträger bereits bei der Formulierung der Gemeinschaftsstrategie. Denn Mittel und Ziele werden durch die Staats- und Regierungschefs im Europäischen Rat einstimmig festgelegt. Jeder Staats- und Regierungschef hat also ein Veto-Recht, was erklärt, warum die

---

[22] Wie in Kapitel II erläutert, kann eine bessere finanzielle Absicherung von atypischen Beschäftigungsverhältnissen den notwendigen Boden für die Akzeptanz solcher Arbeitsverhältnisse bereiten. Andererseits kann eine zu weite Auslegung dieser „Flexicurity" – z.B. im Arbeitsrecht – die ökonomische Rationalität einer schnelleren mengenmäßigen Anpassung der Mitarbeiteranzahl untergraben.

Flexibilisierungsziele nicht besonders ehrgeizig ausfallen. Da es innerhalb des Verfahrens weder Anreize zur freiwilligen Selbstverpflichtung, noch Druck auf die nationalen Regierungen gibt, die Arbeitsmarktpolitik voranzutreiben, bestehen tatsächlich kaum Ansatzpunkte zur öffentlichen Kritik.

- Fehlende Benchmarks: Eine Quantifizierung von Zielmargen hat die jährliche Formulierung von Leitlinien kaum bewirkt, was die Kommission in ihren Entwürfen zum Gemeinsamen Beschäftigungsbericht regelmäßig bemängelt.[23] Ohne diese freiwillige Selbstbindung der Regierungen fehlen bei der numerischen, finanziellen und zeitlichen Flexibilisierung Benchmarks, an denen die nationalen Politiken gemessen werden könnten. Daher bleiben die Bewertungen in den Gemeinsamen Beschäftigungsberichten in Flexibilisierungsfragen meist ebenso wage bleibt wie die Nationalen Aktionspläne.

- Fehlende Effektivität der eingesetzten Mittel: Die finanzielle Unterstützung leisteten die Struktur- und Kohäsionsfonds, die in der Förderperiode 2000-2006 für die gemeinsame Beschäftigungsstrategie 213 Mio. • bereitstellen. Darüber hinaus haben sich auf Initiative des Europäischen Parlaments hin die Europäische Investitionsbank und der Europäische Investitionsfonds bis Ende 2000 mit 420 Mio. • an der Schaffung von neuen Arbeitsplätzen beteiligt.[24] Den geförderten Programmen wurde inzwischen jedoch durch die OECD ihre Wirkungslosigkeit bescheinigt (s. Kapitel IV).

Wie erklärt sich also, dass die Äußerungen von Regierungsvertretern zum Luxemburg-Prozess weitgehend Zustimmung verraten?[25] Nach Auffassung der Autorin ist der Luxemburg-Prozess für die nationalen Regierungen ein bequemes Mittel, um sich für eigene Beschäftigungsvorhaben politische und finanzielle Unterstützung aus Brüssel abzuholen, ohne durch die gemeinsame Strategie zu einem Politikwechsel gezwungen zu werden.

3.6 Cardiff-Prozess

Auf dem Gipfel von Cardiff im Juni 1998 wurde die Notwendigkeit umfassender struktureller Reformen auf verschiedenen Teilmärkten festgestellt. Die Staats- und Regierungschefs beschlossen, die Vollendung des Binnenmarktes durch einen speziellen Reformprozess zu forcieren, den sogenannten Cardiff-Prozess. Im Folgen-

---

[23] Nachzulesen im aktuellen Entwurf des Gemeinsamen Beschäftigungsberichts 2001 unter http://www.eu-employment-observatory.net/resources/ees/jer/2001/jointrep2001_de.pdf, S.5.

[24] Konkrete Zahlen über die zu Flexibilisierungszwecken eingesetzten Mittel liegen nicht vor.

[25] Beispielsweise hat sich dem britischen Premier folgend durch den Luxemburger Prozess „eine neue Arbeitsweise in der EU etabliert", während der schwedische Premierminister urteilte, dass Luxemburg „eine weiterführende Integration ohne den viel kritisierten Supranationalismus bewirke" (Larson 2002: 11).

den sollen nun die Konzeption und das Verfahren vorgestellt werden, um zu prüfen, ob sich aus diesem Prozess ein Beitrag zur Flexibilisierung der Arbeitsmärkte ableiten läßt.

3.6.1 Konzeption

Die grundlegende Annahme des Cardiff-Prozesses ist, daß eine dauerhafte Beschäftigungszunahme ein nachhaltiges Wirtschaftswachstum erfordert (Europäischer Rat 1998). Um die Wachstumspotentiale besser auszuschöpfen, wurde die koordinierte Beschäftigungsstrategie (Luxemburg Prozess) im Rahmen des Cardiff-Prozesses durch Wirtschaftsreformen zur Vollendung des Binnenmarktes ergänzt. Diese Reformen sollen die Wettbewerbsfähigkeit und das Funktionieren der Waren-, Dienstleistungs- und Kapitalmärkte (Cardiff I), ebenso wie die Integration der Arbeitsmärkte (Cardiff II) verbessern. Über die Reformfortschritte sind jährliche Berichte der Mitgliedsstaaten an die Europäische Kommission vorgesehen.

Der Cardiff Prozess ist damit zur zweiten Säule des Europäischen Beschäftigungspakts geworden. Der Zusammenhang zwischen Produkt-, Kapital- und Arbeitsmärkten ist über eine nachfrageorientierte Sicht auf die Beschäftigungspolitik zu verstehen: Langfristig ist auf diesen Märkten infolge der konsequenten Deregulierung und Liberalisierung eine Zunahme an Arbeitsplätzen zu erwarten. Denn durch sinkende Produktpreise und eine größere Vielfalt der Erzeugnisse versprechen sich die politischen Entscheidungsträger eine steigende Nachfrage, die wiederum mehr Anbieter auf den Markt lockt und somit mehr Arbeitsplätze schafft (Europäischer Rat von Cardiff 1998: 8 ff).

3.6.2 Bewertung des Beitrags

Die Strukturreformen sind auf den Produkt- und Kapitalmärkten für die vorliegende Arbeit nicht von Interesse, da Cardiff I keinen Beitrag zur Flexibilisierung der Arbeitsmärkte leistet. Allerdings könnten die Strukturreformen von Cardiff II ein verstärktes Engagement für die Flexibilisierungsthematik zeigen. Bei der Lektüre der Kommissionsberichte[26] zu Cardiff II wird jedoch deutlich, dass es sich hier nicht um einen neuen Prozess handelt. Zur Reform auf den Arbeitsmärkten werden lediglich die Ergebnisse anderer Verfahren oder Arbeitsgruppen referiert. So folgt einer ausführlichen Darstellung der Fortschritte und aktueller Defizite beim Luxemburg-Prozess meist eine Beschreibung der Erkenntnisse, zu denen die Madrider Arbeitsgruppe zur Modernisierung der Arbeitsorganisation oder andere Ausschüsse gelangt sind. Dabei setzen die Cardiff-II-Berichte den Schwerpunkt auf das Zusammenspiel von Beschäftigungs- und Finanzpolitik. Deutlicher als in den Berichten des Luxembur-

---

[26] Die Cardiff-Berichte (zu Prozess I und II) seit 1999 finden sich unter: http://www.europa.eu.int/comm/economy_finance/publications/european_economy.

ger Prozesses werden hier eine zu starke steuerliche Belastung der Arbeitskosten und zu großzügige Sozialsysteme beklagt. Ein selbständiger Beitrag zur Flexibilisierung ist jedoch nicht erkennbar. Es werden weder eigene Vorhaben noch eigene Instrumente (Kooperationsgremien, Verhandlungsstrategien) benannt, die Arbeitsmarktflexibilität erhöhen könnten. Cardiff II entspringt eher der Maßgabe einer horizontalen Vernetzung von Politikbereichen, als einen eigenen Beitrag zu Arbeitsmarktreformen anzustreben.[27]

3.7 Köln-Prozess

Der Köln-Prozess wurde dem Europäischen Beschäftigungspakt als dritte Säule hinzugefügt. Auf dem Gipfel in Köln 1999 wurde ein „makroökonomische Dialog" begründet. Er soll ein harmonisches Zusammenspiel aller relevanten Akteure zur Optimierung der Beschäftigungswirkungen auf dem EU-Binnenmarkt gewährleisten. Da über den Köln-Prozess keine eigenen Berichte geführt werden, muß unter 3.6.3 ein Gedankenspiel den Zusammenhang zum Thema der Arbeit herzustellen. Aus diesem Grund nimmt die Prüfung des makroökonomischen Dialogs einen relativ großen Raum ein. Zunächst werden die beteiligten Akteure vorgestellt, um deren mögliche Präferenzen in der Arbeitsmarktpolitik zu definieren. Anschließend werden die Ziele des Prozesses, sein Verlauf und abschließend die Beiträge der einzelnen Teilnehmer zur Arbeitsmarktflexibilisierung unter Berücksichtigung von Präferenzen und Handlungsrestriktionen geprüft.

3.7.1 Konzeption

Die beteiligten Akteure können je nach ihrer Funktion im politischen Prozess in drei Gruppen eingeteilt werden[28]:

1. Die Vertreter der Europäischen Zentralbank (EZB) nehmen an diesem Dialog als Sprecher für die europäische Geldpolitik teil.

2. Die Regierungsmitglieder (genauer: die Finanz-, Wirtschafts-, Arbeits- und Sozialminister) vertreten im Wesentlichen nicht ihre eigenen Ressorts sondern die Finanzpolitik.[29]

3. Die Sozialpartner (Arbeitgeber und Arbeitnehmer) repräsentieren die Lohnpolitik.

Diese Akteure treffen sich zweimal jährlich vor den Tagungen des EcoFin-Rates unter Beteiligung der Europäischen Kommission. Die Kommission liefert die Da-

---

[27] Die Vernetzung resultiert aus einem Vorschlag der irischen Präsidentschaft, s. Kotzias 1997: 203.
[28] Die Zuordnungen wurden den offiziellen EU-Dokumenten entnommen, s. http://europa.eu.int/abc/doc/off/bull/de/9906/i1043.htm#anch0050.
[29] http://europa.eu.int/scadplus/leg/en/cha/c00002.htm.

ten für den anschließenden Dialog, welche sie kurz zuvor in ihrem Frühjahrs- respektive Herbstgutachten veröffentlicht hat. Ob alle Vertreter der beteiligten Politikbereiche als gleichberechtigte Partner am makroökonomischen Dialog teilnehmen, oder ob die Durchsetzungschancen der Akteure unterschiedlich verteilt sind, klärt Kapitel 3.7.3. Zunächst sind jedoch die Grundlagen des Kölner Prozesses zu erläutern, ebenso wie die Prämissen, unter denen der makroökonomische Dialog stattfindet.

3.7.2 Ziele und Gründe

Ziel des makroökonomischen Dialogs ist es, eine Koordination derjenigen Politikbereiche zu installieren, die auf die Beschäftigungssituation signifikanten Einfluss ausüben. Als solche wurden die Lohnpolitik, die Geldpolitik und die Finanzpolitik erkannt. Da diese Ressorts jeweils unterschiedliche Ziele verfolgen und dadurch miteinander in Konflikt geraten können, sind suboptimale Ergebnisse im Hinblick auf den Arbeitsmarkt zu erwarten. Die Koordination der Lohn-, Finanz- und Geldpolitik im Rahmen des Kölner Prozesses soll daher ein möglichst spannungsfreies Zusammenwirken der unterschiedlichen Politikfelder gewährleisten. Durch den Kölner Prozess soll ein „effizienter und ausgewogener Policy-Mix" entstehen.[30]

Begründet wird die Koordinierung für den Bereich der Geldpolitik mit dem Eintritt in die dritte Stufe der Wirtschafts- und Währungsunion (WWU). Durch die Zentralisierung der geldpolitischen Kompetenzen bei der unabhängigen EZB haben die nationalen Regierungen jeden Einfluss auf die Geldpolitik zugunsten der Beschäftigungspolitik verloren. Sollte die Geldpolitik also zur Bekämpfung der Arbeitslosigkeit beitragen, kann sie nur auf europäischer Ebene eingebunden werden.

Die Finanzpolitik bleibt weiterhin in der Kompetenz der nationalen Regierungen, ist jedoch durch die Rahmenvorgaben des Stabilitäts- und Wachstumspakts beschränkt. Eine Koordinierung könnte hier eine ungleiche Lastenverteilung zwischen den Mitgliedsstaaten verhindern. Denn sobald ein Land sich für eine expansive Finanzpolitik zur Erhöhung beschäftigungspolitischer Ausgaben entschließt, trägt es die finanziellen Lasten allein, während ein Teil der wirtschaftlichen Erfolge auch im Ausland anfiele.[31] Im Rahmen des makroökonomischen Dialogs ist daher eine Verzahnung der nationalen finanzpolitischen Maßnahmen möglich und dadurch eine optimale Lastenverteilung erreichbar.

---

[30] http://europa.eu.int/abc/doc/off/bull/de/9906/i1043.htm#anch0050.

[31] Unter der Bedingung einer expansiven Finanzpolitik ist anzunehmen, dass Arbeitsplätze über die gestiegene Importnachfrage auch im Ausland entstehen. Bei einer koordinierten Nachfragesteigerung könnten größere Beschäftigungseffekte erzielt werden, weil jedes Land die Möglichkeit hätte, durch den Binnenmarkt auch an den Maßnahmen der anderen Länder zu profitieren, s. Schatz 1999: 549.

3.7.3 Akteure und deren Prämissen

Der makroökonomische Dialog soll ausschließlich den Informations- und Meinungs-
austausch verstärken ohne dabei folgende Prinzipien zu verletzen:[32]

- die Unabhängigkeit der EZB

- die Autonomie der Tarifpartner

- den Stabilitäts- und Wachstumspakt

- das Subsidiaritätsprinzip[33]

Durch diese Restriktionen ist jede der beteiligten Akteursgruppen vor einer aggres-
siven Durchsetzung der Interessen eines anderen Teilnehmers geschützt.

Der makroökonomische Dialog soll Transparenz erzeugen, indem er die Rahmenbedingungen, unter denen in anderen Politikbereichen agiert wird, offenlegt. Dadurch
sollen den Teilnehmern die Auswirkungen des eigenen Handelns auf die anderen
Akteure ebenso bewußt werden, wie die Konsequenzen einer zukünftigen Aktion
der anderen für das eigene Handeln. Da diesem Prozess kein eigenes Berichtswesen
zugewiesen wurde, läßt sich der Beitrag des makroökonomischen Dialogs zum
Untersuchungsgegenstand nur anhand eines Gedankenspiels erläutern, bei dem Interessen und Restriktionen gegeneinander abgewogen werden.

Möglicher Beitrag der Geldpolitik

Zunächst ist zu untersuchen, ob die Art der Geldpolitik (restriktiv oder expansiv)
Einfluss auf die Flexibilität des Arbeitsmarktes ausüben kann. Denn falls dies zu-
trifft, könnte sich im Rahmen des Köln-Prozesses ein Beitrag der EZB als einzig
zuständiger geldpolitischer Instanz innerhalb der EU herauskristallisieren.

Ein denkbarer Zusammenhang ergibt sich auf dem Gebiet der finanziellen Flexibilität. Die EZB könnte zur Anpassung der Löhne an die Produktivität oder an die
Entwicklung der Arbeitslosigkeit durch eine expansive Geldpolitik beitragen. Durch
eine einmalige Ausweitung der umlaufenden Geldmenge seitens der EZB würde
der Außenwert des Euro sinken. Folglich müßte mehr Geld aufgewendet werden,
um Waren für den Konsum oder die weiterverarbeitende Industrie zu importieren.
Dadurch würde das Preisniveau auf dem europäischen Binnenmarkt ansteigen. Bei
einem solchen Szenario würden die Reallöhne sinken, da sich das Verhältnis zwi-

---

[32] Bulletin EU 6-1999, http://europa.eu.int/abc/doc/off/bull/de/9906/i1049.htm#anch0059.

[33] In diesem Teil der Untersuchung soll eine Einhaltung des Susidiaritätsprinzips nicht geprüft werden,
da nicht die Legitimität der bisherigen Beschäftigungspolitik, sondern deren Beitrag zur Flexibilisierung
in Frage stehen. Bei der Beurteilung einer weiterführenden Politik wird dieser Gedanke in Kapitel V
aufgegriffen.

schen Nominallohn und Preisniveau zulasten der Arbeitnehmer verschlechtert hätte. Durch diese Reallohnsenkung könnte die Wettbewerbsfähigkeit der europäischen Arbeitsmärkte im internationalen Vergleich verbessert werden. Zu einer erhöhten Nachfrage nach Arbeit würde diese Reallohnsenkung jedoch nur dann führen, wenn potentielle Investoren das gesunkene Reallohnniveau als dauerhaft einschätzen können. Das bedeutet, daß die Arbeitnehmer und deren Interessenvertreter dieses verringerte Lohnniveau akzeptieren müßten. Die organisierte Arbeitnehmerschaft kann das Absinken des Reallohns andernfalls durch höhere Lohnforderungen unterlaufen (Schatz 1999: 552). Im Rahmen des Kölner Dialoges könnte eine solche Vorgehensweise zwischen EZB und Gewerkschaften vereinbart werden.

In Europa ist allerdings ein anderes Phänomen zu beobachten (Belke/Kösters 2000: 45 ff.): In den vergangenen drei Jahrzehnten hat es eine Reihe von Preisschocks gegeben, bei denen die Gewerkschaften nicht bereit waren, Reallohnminderungen hinzunehmen, um damit Beschäftigungsverluste zu vermeiden.[34] Die Gewerkschaften würden also wahrscheinlich auf jede Geldmengenausweitung mit höheren Lohnforderungen reagieren, um wenigstens einen Inflationsausgleich für ihre Klientel aushandeln zu können. Unter diesen Umständen kann die Geldpolitik der EZB nicht zu einer Flexibilisierung der Lohnniveaus in Europa beitragen. Eine expansive Geldpolitik der EZB würde die Konjunktur letztlich nur überhitzen. Aufgrund der Abhängigkeit der Gewerkschaften von der Arbeitnehmerschaft[35] ist eine gemeinsame Planung geldpolitische Intervention nicht anzunehmen.

Außerdem ist hier eine der oben genannten Schranken des makroökonomischen Dialogs zu beachten: Die einzelnen Teilnehmer sind durch ihre Beteiligung an der europäischen Beschäftigungspolitik nicht von ihren grundsätzlichen Pflichten entbunden. Das vorrangige Ziel der EZB ist es jedoch, Preisstabilität zu gewährleisten. Deshalb darf sie dieses Ziel nicht zugunsten einer beschäftigungs- oder flexibilitätsorientierten Geldpolitik vernachlässigen. Steigende Inflationsraten, die notwendige Folge einer solchen Politik wären, kann sie daher nicht riskieren. Zusammenfassend ist also festzustellen, daß die EZB durch ihre Geldmengensteuerung keinen Beitrag zur finanziellen Flexibilität auf den europäischen Arbeitsmärkten leisten kann, während sie auf die anderen Flexibilisierungsarten ohnehin keinen Einfluß hat.

---

[34] Erklärt werden kann dieses Verhalten durch das Insider-Outsider-Modell. Demzufolge haben die Arbeitsplatzinhaber (Insider) einen größeren Einfluß auf die Positionierung der Gewerkschaften als die Arbeitslosen (Outsider). Da die Insider mehr an Lohnerhöhungen interessiert sind als an der Neuentstehung von Arbeitsplätzen, werden die Gewerkschaften sinkende Reallöhne selbst dann nicht akzeptieren, wenn sinkende Lohnkosten der allgemeinen Beschäftigungslage nützen würden.

[35] Je weniger Arbeitnehmer die Gewerkschaften durch ihre Mitgliedschaft unterstützen, desto weniger werden Gewerkschaften als legitime Interessenvertretung und als gleichberechtigter Verhandlungspartner wahrgenommen.

Möglicher Beitrag der Finanzpolitik

Ein potentieller Beitrag der Finanzpolitik zur Flexibilisierung im Rahmen des makroökonomischen Dialogs könnte eine Vereinbarung der jeweiligen Regierungen über die Erhöhung der Investitionen in die Bildungssysteme sein. Eine expansive Finanzpolitik könnte damit die qualifikatorische Flexibilität auf dem jeweiligen Arbeitsmarkt erhöhen.

Einer expansiven Finanzpolitik stehen jedoch verschiedene Einwände gegenüber: Die Finanzpolitik könnte eine vereinbarte Bildungsoffensive nur durch höhere Ausgaben bestreiten. Denn die Regierungen müssten dafür eigene Qualifizierungsprogramme ausbauen bzw. neue installieren oder für finanzielle Anreizsysteme sorgen, die Unternehmer zu betriebsinternen Weiterbildungsangeboten veranlassen. Da hohe Arbeitslosigkeit über erhöhte Sozialausgaben zu leeren Staatskassen führt, müssten die notwendigen Mehraufwendungen durch die Aufnahme von Krediten finanziert werden. Eine Staatsverschuldung, die über 3% des BIP hinausgeht, verstößt jedoch gegen den Stabilitäts- und Wachstumspakt. Durch den Pakt haben sich die Regierungen also ein Korsett auferlegt, das sie gerade in Rezessionsphasen zu Sparsamkeit zwingt, statt dem Problem der Massenarbeitslosigkeit aktiv begegnen zu können.

Die höheren Ausgaben könnten alternativ durch eine Anhebung der Steuern oder sonstiger Abgaben beglichen werden. Allerdings würde eine gestiegene Abgabenlast die Gewinnerwartungen der Unternehmer beeinträchtigen und daher deren Investitionsneigung verringern. Wenn nun jedoch die privaten Bildungsinvestitionen aufgrund der gestiegenen Ausgabenlast reduziert würden, ergäben sich insgesamt keine Flexibilisierungsfortschritte. Das staatliche Angebot würde nur das private verdrängen. Da die privaten Qualifizierungsmaßnahmen jedoch als volkswirtschaftlich produktiver eingestuft werden[36], hätte eine Bildungsoffensive im Rahmen des makroökonomischen Dialogs negative Auswirkungen auf die Arbeitsmärkte.

Andere Bereiche der Flexibilisierung wie die zeitliche und die numerische erfordern eine Änderung des Arbeitsrechts. Über diese Punkte könnte im Rahmen des Köln-Prozesses zwar auch zwischen Regierungsvertretern und Sozialpartnern verhandelt werden. Dagegen spricht jedoch der geringe Organisationsgrad der Arbeitnehmer auf EU-Ebene (s.u.).

---

[36] Von einer betriebsinternen Aus- oder Weiterbildung wird angenommen, dass sie bessere Aussichten auf einen Arbeitsplatz eröffnet als ein staatliches Qualifizierungsangebot. Denn das gewinnorientierte Kalkül der Unternehmer wird sie nur dann in die Qualifikation einer Arbeitskraft investieren lassen, wenn sie ein Interesse an deren Weiterbeschäftigung hat.

Möglicher Beitrag der Sozialpartner/Beschäftigungspolitik

Der letzte Block von kumulierten Interessen beinhaltet die Arbeitgeber und die Arbeitnehmer, die im Kölner Prozess die Lohnpolitik repräsentieren.

Gewerkschaften

Grundsätzlich dürfte das Interesse der Arbeitnehmervertretungen an Lohn- und Lohnstruktur-Flexibilität gering sein, weil die geforderte Anpassungsfähigkeit auch sinkende Reallöhne für ihre Mitgliedsklientel bedeuten kann. Aufgrund der tendenziell vorhandenen Ausrichtung am Median-Wähler[37] kann daher angenommen werden, dass die Gewerkschaften vorrangig versuchen werden, sich durch ein solches Dialogforum nicht vorzeitig auf eine gemäßigte Lohnpolitik festlegen zu lassen. Wahrscheinlicher ist, dass die Arbeitnehmervertreter diese Plattform zur Einflußnahme auf Institutionen nutzen möchten, zu deren Entscheidungsfindungsprozessen sie sonst keinen Zugang haben. Hier können sie ihre Sichtweise mit eigenen Studien untermauern, um die anderen Beteiligten z.B. von der vermeindlich schädlichen Auswirkung von Lohnzurückhaltungen auf die Beschäftigungsentwicklung[38] zu überzeugen. Außerdem können sie die Agenda der Treffen im Rahmen der vorgegebenen Inhalte durch geschicktes Verhandeln mitgestalten (Schmitz 1999: 191).

Gegen einen Beitrag der Gewerkschaften zur Lohn- oder Lohnstrukturflexibilisierung spricht außerdem, daß die Arbeitnehmervertretungen auf EU-Ebene nicht in durchsetzungsfähiger Weise organisiert sind. Selbst wenn also im Rahmen des Kölner Prozesses ein Konsens über angepasste Lohnforderungen erreicht würde, könnte diese Entscheidung der nationalen Ebene nicht diktiert werden (Schmitz 1999: 196). Druck auf die Gewerkschaften ausüben zu wollen, wäre demnach wenig effektiv. Aus diesem Grund wäre es in anderen Bereichen der Flexibilisierung ebenso unwahrscheinlich, Fortschritte innerhalb des Köln-Prozesses zwischen den nationalen Regierungen und den Gewerkschaften zu erreichen.

Arbeitgeber- und Unternehmerverbände

Die Arbeitgebervertreter könnten versuchen, ein Korrektiv gegenüber den Einwirkungsmöglichkeiten der Gewerkschaften auf die anderen Entscheidungsträger zu bilden. Denn das unternehmerische Kalkül steht der gewerkschaftlichen Zielsetzung in vielen Bereichen diametral gegenüber: In einer verstärkten Qualifizierungs-

---

[37] Das Median-Wähler-Konzept nimmt an, daß alle der Wahl unterliegenden Gremien sich an der Position des Wählers in der Mitte orientieren, um sich eine Zustimmung von mindestens 50% zu sichern. Die Gewerkschaften würden entsprechend ihre Positionen am „Median-Gewerkschaftsmitglied" ausrichten, das einen Arbeitsplatz innehat und wahrscheinlich über ein eher geringes Gehalt verfügt. Dieser Median-Wähler interessiert sich wahrscheinlich für möglichst hohe Lohnsteigerungen (Hubert 1997: 28).

[38] DGB-Studie über den Zusammenhang von sinkenden Stückkosten und schlechter Beschäftigungsentwicklung, in: Informationen zur Wirtschafts- und Strukturpolitik Nr. 5/99.

politik sehen die Arbeitgeber den Versuch, Arbeitslosigkeit nicht zu beseitigen, sondern zu verdecken und den Druck auf die notwendigen Strukturreformen zu reduzieren (Ebert 2000: 187/188). Deshalb erwarten sie von einer verstärkten
Beschäftigungspolitik eine Verschlechterung ihrer wirtschaftlichen Rahmenbedingungen durch höhere Abgaben (s.o.). Sie würden eine expansive Finanzpolitik also zu verhindern suchen.

Andere Flexibilisierungsformen wie Öffnung von Tarifverträgen für flexible Lohn-
und Arbeitszeitanpassungen oder die Reduzierung des Kündigungsschutzes sind
dagegen für die Arbeitgeber von großem Interesse. In Fragen der finanziellen
Flexibilisierung dürften sie mit der Unterstützung der Regierungsvertreter rechnen,
während Kündigungsschutz und Arbeitszeiten je nach Land sensible Themen für
Politiker sind (s. Kapitel V). Jedoch dürfte hier der makroökonomische Dialog
wiederum wegen der Organisationsschwäche der Arbeitnehmerseite nicht das ge-
eignete Forum sein, um grundsätzliche Weichenstellungen durchzusetzen.

3.7.4 Bewertung des Beitrags

Zunächst ist festzustellen, daß der makroökonomische Dialog Akteure mit höchst
unterschiedlicher Entscheidungskompetenz zusammenbringt: Die EZB hat als einzige Beteiligte unmittelbare europäische Kompetenz, was bedeutet, daß sie Ent-
schlüsse durchsetzen könnte, ohne anderen Instanzen gegenüber rechenschafts-
pflichtig zu sein. Bei ihr steht jedoch das Preisstabilitätsziel einer Intervention
entgegen. Die Sozialpartner können aufgrund der unterschiedlichen tarifpolitischen
Praxis in ihren jeweiligen Ländern nicht einmal im Namen der nationalen Tarifpartner sprechen. Grundsätzlich bieten daher die Regierungsvertreter die größte An-
griffsfläche, da die Regierungen Bündnisse für Beschäftigung üblicherweise unterstützen, um Handlungsbereitschaft zu demonstrieren. Unter dem Druck, Erfolge
korporatistischer Verhandlungen vorweisen zu müssen, könnten die nationalen Regierungen vielleicht geneigt sein könnten, den nötigen Preis dafür zu bezahlen. Die
Regierungsvertreter handeln jedoch nicht nur unter den Prämissen der EU-Vorga-
ben (insbesondere Stabilitäts- und Wachstumspakt), sondern sie müssen ihre Entscheidungen gegenüber den nationalen Parlamenten rechtfertigen. Diese unterschiedlichen Handlungsspielräume erschweren eine tatsächliche Koordination. Allgemein erscheint ein konstatiertes Vorgehen in Flexibilisierungsfragen im Rahmen
des Köln-Prozesses wenig wahrscheinlich. Wie oben erläutert, lassen weder die
Konzeption des Prozesses noch die Handlungsrestriktionen der einzelnen Akteure
einen großen Erfolg des makroökonomischen Dialogs bezüglich des Untersuchungs-
gegenstands erwarten.

Fazit

Festzustellen ist, dass die Problematik rigider Arbeitsmärkte bereits Anfang der neunziger Jahre erkannt wurde. Deshalb schlug das Weißbuch 1993 schon Maßnahmen zur Flexibilisierung vor. Allerdings wurden diese Ansätze aufgrund politischer Widerstände insbesondere Deutschlands und Großbritanniens nie konsensfähig. Seit dem Amsterdamer Vertrag von 1997 verfügt die Gemeinschaft über Koordinierungskompetenzen in der Arbeitsmarktpolitik, die jedoch in Bezug auf die Flexibilisierung nur in geringem Umfang eingesetzt wurden.

- Handlungsdruck im Rahmen des Luxemburger Prozesses lässt sich nur im Bereich der qualifikatorischen Anpassungsfähigkeit erkennen.

In den anderen Bereichen scheint die Aufmerksamkeit für Flexibilisierungsmaßnahmen abgenommen zu haben:

- Forderungen nach einer Lockerung des Kündigungsschutzes tauchten seit dem Weißbuch in keinem der Prozesse mehr auf, sodass numerische Flexibilität fast ausschließlich auf dem Weg über atypische Beschäftigung angeregt wurde.

- Das Ziel der Arbeitszeitflexibilität wird inzwischen nur noch durch die Empfehlungen, Jahresarbeitszeitmodelle einzuführen, verfolgt. Demgegenüber werden andere Flexibilisierungsmodelle zugunsten von Arbeitsschutzmaßnahmen (z.B. Reduzierung von Überstunden) oder mit dem Ziel der Umverteilung von Arbeit (Senkung der Regelarbeitszeit) in der koordinierten EU-Beschäftigungspolitik verworfen.

- Auf die finanzielle Flexibilität wird seitens der EU kaum Druck ausgeübt. Die Versuche, Lohnpolitik über Gremien wie den Köln-Prozess zu beeinflussen, wirken momentan noch recht hilflos, könnten jedoch durch eine hierarchische Organisation der Arbeitnehmervertretungen auf EU-Ebene zukünftig Wirkung zeigen.

Insgesamt entsteht der Eindruck, die europäische Beschäftigungspolitik gäbe dem Arbeitnehmerschutz den Vorrang vor einer Erhöhung des Arbeitsplatzangebots durch konsequente Reformen auf der Angebotsseite des Arbeitsmarkts. Diese Wertsetzung war vermutlich bereits bei der Bildung einer eigenen Abteilung innerhalb der Europäischen Kommission vorhanden. Denn die Zusammenfassung von Beschäftigung und Sozialem unter dem Dach einer Generaldirektion musste zwangsläufig zu einer Neutralisierung der liberalen Ansätze durch solidarische Konzepte führen. Statt eine Flexibilisierung anzustreben, zielt die Agenda der Europäischen Kommission eher auf die Umverteilung von Arbeit auf mehr Beschäftigte und auf die Qualitätssteigerung vorhandener Arbeitsplätze.

Im Anschluss wird Kapitel IV klären, inwieweit die nationalen Arbeitsmarktpolitiken zu einer Flexibilisierung geführt haben und welche Ansätze in den Staatengruppen verfolgt wurden. Im abschließenden Teil V wird dann eine Schlußfolgerung gezogen, ob sich trotz der Vielfalt der verfolgten Ansätze noch ein Spielraum für eine stärker integrierte Politik im Bereich der Arbeitsmarktflexibilisierung ergibt. Nachdem die Kommission als Agenda-Setter offenbar von dem Ziel der Flexibilisierung seit dem Weißbuch abgerückt ist, wird in Kapitel V geprüft, ob die „Herren der Verträge" ausreichend gemeinsame Interessen in der Arbeitsmarktpolitik teilen, um einen Vergemeinschaftungsprozess selbst zu initiieren.

IV Anpassungsfähigkeit nationaler Arbeitsmärkte

Der nun folgende Teil der Untersuchung vermittelt eine Einschätzung über den derzeitigen Grad an Anpassungsfähigkeit der EU-Arbeitsmärkte. Ziel dieses Kapitels ist es, abzuleiten, ob es innerhalb der EU noch die Notwendigkeit zu weiterer Flexibilisierung gibt. Um nicht in den Details der 15 untersuchten Arbeitsmärkten zu versinken, erfolgt eine Zuordnung der Länder zu Fallgruppen in Annäherung an die Kategorien Gøsta Esping-Andersens (1990).[39] Die Gruppenbildung folgt der Annahme, dass es in jedem Land einen bestimmten Wertekanon gibt, der die Ausgestaltung von Sozialsystemen und Arbeitsmarktinstitutionen relativ unabhängig von Parteipolitik auf einem bestimmten Entwicklungspfad hält (s. dazu Kapitel V). Um meine Untersuchung gegen die vielfach kritisierte Typologie Esping-Andersons abzugrenzen, habe ich geographische Cluster gebildet, die sich von seinen Sozialstaatstypen leicht unterscheiden. Hier soll die Annahme geprüft werden, dass Nachbarstaaten in Europa ähnliche pfadabhängige Entwicklungen bei der Ausprägung ihrer Arbeitsmarktinstitutionen erkennen lassen.[40]

4.1 Finanzielle Flexibilität

Zunächst folgt eine Darstellung der aktuellen Trends in den Bereichen Lohn- und Lohnstrukturflexibilität. Anschließend werden diese Entwicklungen anhand von Verhandlungsmustern begründet. Darauf aufbauend werden Perspektiven einer weiteren Flexibilisierung entwickelt.

4.1.1 Lohnflexibilität

Im Bereich der Lohnflexibilität haben verschiedene empirische Untersuchungen einen gemeinsamen Trend festgestellt (Bolle/Neugrat 2000, Burda 2001): Gemessen an der Preisentwicklung auf dem Gütermarkt zeigt sich die Nominallohnentwicklung flexibler.[41]

Flexibilität bedeutet hier – der Definition aus Kapitel II entsprechend – eine stärkere Anpassung der Lohnentwicklung an das Verhalten anderer makroökonomischer Größen wie der Produktivität oder der Arbeitslosenrate. Diese statistischen Kern-

---

[39] Er unterteilte die EU-Staaten in liberale, sozialdemokratisch-korporatistisch und konservative Regulierungsregime. Diese Kategorien beziehen sich nicht auf die jeweilige Regierungszusammensetzung, sondern auf die Entwicklung des Sozialstaats.

[40] Die Gruppenbildung dient der Vereinfachung, wird jedoch durch Einzelfallbetrachtungen ergänzt, sobald ein Land durch auffällige Untersuchungsergebnisse hervorsticht oder die Gruppe stark abweichende Ergebnisse zeigt.

[41] Dieser These liegt die Annahme zugrunde, dass die Informationsgewinnung zur Ermittlung von Preisen auf dem erweiterten Binnenmarkt relativ zeit- und damit kostenintensiv ist. Verkäufer würden durch ständig schwankende Produktpreise ihren Käuferstamm riskieren. Die Güterpreise verhalten sich daher eher rigide, s. Burda (2001).

größen haben sich in den EU-Mitgliedsstaaten in unterschiedlichem Maße entwickelt (s. Tabelle 2). Wenn die nationalen Arbeitsmärkte flexibel in der Lohnanpassung reagiert haben, müssten die Lohnentwicklungen in den einzelnen Staaten entsprechend divergent verlaufen. Die in der Vergangenheit zu beobachtende Tendenz zu parallelen Nominallohnentwicklungen innerhalb der EU sollte sich daher allmählich auflösen.

Tabelle 4.1: Nominal Manufacturing Wage Growth Correlations in National Currency

	Average Correlation Coefficient in Group Annual Nominal Wage Growth in Local Currency		
	Total Sample	1961–79	1980–96
Core Europe* (B, NL, D, A)	0,68	0,64	0,42
Core Europe* + F, DK, I	0,66	0,59	0,22
Euro-11*	0,69	0,56	0,34
Euro-11 + DK, S, UK*	0,65	0,55	0,30
		1986.1–1992.4	1993.1–1998.2
(BE, AT, GE, FR,NE)**		0,34	0,00
EU-11 + SW, DK**		0,20	0,07

*Quellen: * Burda (2001, jährliche Datenfolgen); ** Bolle/Neugart: Quartalsdaten (2000)*

Wie die vorstehende Tabelle illustriert, haben die Analysen von Bolle und Neugart ebenso wie die von Burda ergeben, dass die Korrelation der Nominallohnentwicklungen zwischen den einzelnen Staaten im Verlauf der vergangenen zwei Jahrzehnte stark abgenommen haben. Während die Ergebnisse in den 60ern und 70ern noch auf einen relativ ähnlichen Entwicklungstrend der Nominallöhne auf den nationalen Arbeitsmärkten schließen ließen, fielen die Lohnabschlüsse seit Beginn der 80er Jahre stärker auseinander.

Auffällig ist, dass bei der Burda-Analyse die Korrelationen durch die Wahl größerer Untersuchungsgruppen abnehmen. Dieses Resultat wird zwar anhand der Berechnung der Quartalsdaten-Korrelation von Bolle und Neugart teilweise relativiert. Beiden Forschungsarbeiten kann jedoch der Trend entnommen werden, dass die Korrelation von Nominallohnbewegungen zwischen den EU-Mitgliedsländern gegen null tendiert. Das wirft nun die Frage auf, woran sich die Lohnentwicklungen orientieren, um bewerten zu können, ob aus den Daten auf finanzielle Flexibilität geschlossen werden kann, oder ob es sich um zufällige Ergebnisse von Tarifrunden handelt.

Der Definition aus Kapitel II folgend, kann Lohnniveauflexibilität erst festgestellt werden, wenn die Nominallohnentwicklung bezüglich deren Reaktionsfähigkeit auf Arbeitsmarktdaten oder Produktivitätssteigerungen geprüft wurde. In Tabelle 4.2 werden deshalb die Wachstumsraten der Nominallöhne (Nw), den Veränderungen von Produktivität (ϖ) und Arbeitslosigkeit (Ur) gegenübergestellt. Auf einen Vergleich mit der Entwicklung der Reallöhne wurde verzichtet, weil diese sich erst im Rückblick auf die gesamtwirtschaftliche Preisentwicklung innerhalb eines Jahres errechnen und deshalb nicht Gegenstand von Tarifverhandlungen sein können.

Tabelle 4.2: Reallohnentwicklung im Verarbeitenden Gewerbe

	Belgium			Netherlands			Luxembourg		
	1980-'89	1990-'95	1996-'01	1980-'89	1990-'95	1996-'01	1980-'89	1990-'95	1996-'01
Nw	5,4	5,2	2,1	2,5	3,4	2,7	6,4	4,8	2,2
ϖ	2,2	1,7	1,8	1,5	1,5	1,1	3	2,0	1,4
Ur	9,7	8,2	9	8,5	6,5	3,9	2,6	2,4	2,4

	Germany			Austria			France		
	1980-'89	1990-'95	1996-'01	1980-'89	1990-'95	1996-'01	1980-'89	1990-'95	1996-'01
Nw	3,8	5,4	1,9	5,3	4,7	1,8	8,4	3,6	2,4
ϖ	1,4	2,4	1,9	2,0	1,7	1,9	2,3	1,6	1,7
Ur	5,8	6,9	8,8	3,3	4,2	3,9	9	10,8	11,3

	Denmark			Finland			Sweden		
	1980-'89	1990-'95	1996-'01	1980-'89	1990-'95	1996-'01	1980-'89	1990-'95	1996-'01
Nw	7,6	3,3	3,7	10,1	4,3	3,3	8,4	5,7	3,8
ϖ	1,1	2,1	1,5	2,8	2,8	2,3	1,3	2,4	2,1
Ur	7,1	9,7	5,5	4,8	12,4	11	2,6	6,7	8

	Greece			Italy			Portugal		
	1980-'89	1990-'95	1996-'01	1980-'89	1990-'95	1996-'01	1980-'89	1990-'95	1996-'01
Nw	19,5	13,1	6,8	13	6,1	2,6	19,8	12,1	4,5
ϖ	-0,3	0,4	2,4	1,7	1,9	1,1	3,3	2,4	1,7
Ur	6,1	9	10	8,5	11,3	11,3	7,3	6,7	5,4

	Spain			Ireland			Great Britain		
	1980-'89	1990-'95	1996-'01	1980-'89	1990-'95	1996-'01	1980-'89	1990-'95	1996-'01
Nw	11	13	6,1	11	4,4	5,8	9,8	5,6	4,7
ϖ	2,6	1,7	1,9	3,7	2,7	4,1	2	1,8	1,6
Ur	18	8,5	11,3	14,2	16,6	7,4	9,7	10,7	6,5

Nw= nominal wage growth, ϖ = productivity growth, Ur= unemployment rate

Source: Eurostat pocketbook

Als grundsätzlicher Trend ist auf fast allen europäischen Arbeitsmärkten feststellbar, dass sich die achtziger Jahre durch hohe Nominallohnzuwächse auszeichneten, während in den Neunzigern die Arbeitslosenquoten stark anstiegen und die Hochlohnpolitik korrigiert wurde. Dennoch zeigen sich eindeutige Unterschiede, die im Folgenden interpretiert werden.

Über den gesamten Beobachtungszeitraum hinweg erscheinen die Nominallohnzuwächse der kontinentaleuropäischen Staaten am moderatesten und finden sich Ende der neunziger Jahre auf dem EU-weit niedrigsten Durchschnittsniveau (bei ca. 2%) ein. Damit reagieren die Löhne scheinbar sensibel auf die im gleichen Zeitraum steigenden Arbeitslosenquoten (Deutschland, Belgien, Frankreich, Österreich) oder auf die sinkende Produktivität (Niederlande und Luxemburg).

Nur in den Niederlanden und Deutschland ergibt sich ein Lohnanstieg Anfang der neunziger Jahre. In den Niederlanden ist diese Entwicklung insoweit erstaunlich, als die Lohnzurückhaltung der Gewerkschaften das Kernelement des niederländischen Reformmodells ist (Wolienetz 2001: 254 ff.). Erklärt werden kann diese Kehrtwende allerdings dadurch, dass nach jahrelanger Enthaltung eine spürbare Entlastung auf dem Arbeitsmarkt sichtbar wurde und nun die Arbeitsplatzinhaber von der günstigen wirtschaftlichen Entwicklung profitieren wollten. Deutschlands Lohnboom kam durch die Ausnahmesituation infolge der Wiedervereinigung zustande (Fuchs/Schettkat 2000: 225ff.). Damals hatten weder die West-Gewerkschaften noch die West-Arbeitgeber Interesse an einer Niedriglohnkonkurrenz im eigenen Land. Da eigene potente Ost-Arbeitnehmervertretungen fehlten und die Lohndifferenz zu den West-Gehältern von der Mehrheit der ostdeutschen Arbeitnehmer als Diskriminierung fehlinterpretiert wurde, konnten die West-Gewerkschaften überzogene Lohnforderungen für die ostdeutschen Arbeitnehmer mit allen negativen Auswirkungen durchsetzen.[42] Da die Lohnsteigerungen in beiden Ländern jedoch auf eine positive makroökonomische Entwicklung zurückzuführen sind (in Holland sinkende Arbeitslosigkeit, in Deutschland ein Produktivitätsanstieg), schmälern die genannten Auffälligkeiten die Beobachtung nicht, dass sich die Löhne in Kontinentaleuropa relativ flexibel verhalten.

In Skandinavien und in den angelsächsischen Staaten steigen die Nominallöhne in den achtziger Jahren sehr viel stärker als in Kontinentaleuropa an. Eine deutliche Korrektur dieser Hochlohnpolitik erfolgt jedoch in den neunziger Jahren, als die Lohnentwicklung auf 3,3-3,8 % gedrosselt wurde. Steigende Arbeitslosenquoten sind in allen skandinavischen und angelsächsischen Ländern als Auslöser dieser Korrektur zu erkennen, während in Schweden und Finnland auch die Dezentralisierung der Lohnverhandlungssysteme mäßigenden Einfluß auf die Lohnabschlüsse

---

[42] Da die gestiegenen Löhne die Produktivitätsdifferenz zwischen Ost und West nicht mehr reflektierten, waren viele Betriebe unrentabel und es kam zu Massenentlassungen.

gehabt haben dürfte. In Skandinavien und in den angelsächsischen Staaten ist daher ebenfalls eine finanzielle Flexibilisierung festzustellen.

Eine Tendenz zu flexibler Lohnentwicklung ist in geringem Maße auch in Südeuropa zu erkennen. Allerdings lassen sich die immer noch hohen Lohnzuwächse Ende der neunziger Jahre in Griechenland (6,8%) und Spanien (6,1%) bei der Höhe der dort registrierten Arbeitslosigkeit (10%, 11,3%) kaum als gesunde Arbeitsmarktentwicklungen deuten. Denn selbst wenn der Trend stimmt, ist die Reaktionsfähigkeit der Löhne in diesen Ländern offensichtlich gering. Lohnschocks führten in den beiden Ländern zu starken Beschäftigungsverlusten (Lang 2000: 65). Während in Italien und Portugal also von einer mäßigen Flexibilität der Löhne gesprochen werden kann, trifft das auf Griechenland und Spanien nicht zu.

4.1.2 Erklärung der Lohnflexibilität

Die Lohnflexibilität hat in Kontinentaleuropa, Skandinavien und den angelsächsischen Staaten zugenommen. In der Literatur wird zur Erklärung unterschiedlich flexibler Lohnniveaus in den einzelnen Staaten eines Wirtschaftsraums oft die Verschiedenheit der Lohnverhandlungssysteme herangezogen. Allerdings ist bei den EU-Mitgliedstaaten in dieser Hinsicht eine starke Annäherung zu beobachten: Während noch in den siebziger und achtziger Jahren die gesamte Spannbreite an Lohnverhandlungsmodellen vertreten war[43], ist seit den Neunzigern eine starke Tendenz zur Dezentralisierung zu bemerken. In Schweden wurden die Lohnverhandlungen auf Druck der Arbeitgeber auf die Branchenebene verlagert, nachdem starke Lohnsteigerungen zu hohen Inflationsraten (1988: 8% Preissteigerung) geführt hatten (Auer/Riegler 1998: 44 ff.). Ähnlich tiefgreifende Veränderungen lassen sich auch in Dänemark, Finnland, Frankreich, Deutschland,[44] den Niederlanden und Spanien ausmachen, während die übrigen kontinentaleuropäischen Staaten eher zögerliche Schritte zur Dezentralisierung der Lohnverhandlungen unternahmen. Der gemeinsame Trend zur Dezentralisierung hat dazu geführt, dass derzeit in den meisten EU-Staaten die Lohnentwicklung auf sektoraler Ebene verhandelt wird.

Ausnahmen bilden die angelsächsischen Länder: In Irland hat sich die zentrale Lohnfindung unter maßgeblicher Einflussnahme der Regierung zur wichtigsten Verhandlungsebene entwickelt,[45] während in Großbritannien nur jede vierte Lohnvereinbarung für mehr als ein Unternehmen gilt (Dohse 2000: 65-68). Im Anschluß

---

[43] Bis Anfang der achtziger Jahre wurde in den skandinavischen Staaten und in Österreich auf nationaler Ebene über die Löhne verhandelt. In Großbritannien finden Lohnfindungsprozesse seit den Reformen der Thatcher-Ära überwiegend auf betriebliche Ebene statt (Samek Lodovici 2000: 41).

[44] Dezentralisierung bedeutet in Deutschland insbesondere den Einsatz von Öffnungsklauseln in Branchentarifverträgen (Losse 2001: 38 ff.)

[45] In Irland beschlossen Sozialpartner und Regierung 1994 ein nationales Lohnwachstum für die folgenden drei Jahre aufgrund von prognostizierten Preissteigerungsraten (Dohse 2000: 65-68).

werden die Vorteile einer weiteren Dezentralisierung und auch die Argumente pro
oder kontra sektorale Lohnverhandlungen erläutert.

Generell kann Lohnflexibilität durch die wachsenden Ausstiegsoptionen von Investoren aufgrund von Kapitalmarktliberalisierungen erklärt werden. Gewerkschaftlichen Positionen sind diesem Ausstiegskalkül gegenüber gehandikapt (Burda 2001: 10). Lohnforderungen fallen durch internationale Standortkonkurrenz gemäßigter aus und sind stärker an Produktivitätszuwächsen orientiert. Außerdem könnte eine geänderten Beurteilung von Lohnpolitik durch die Gesellschaft Einfluß auf die Positionierung der Gewerkschaften ausüben: Massenarbeitslosigkeit könnte innerhalb der Bevölkerung eine ablehnende Haltung gegenüber der Insider-Outsider-Politik der Gewerkschaften erzeugen. Eine solche Unzufriedenheit – die sich in sinkenden Mitgliedszahlen bemerkbar macht – würde die Arbeitnehmervertreter dazu drängen, die Beschäftigungssituation in ihren Verhandlungen mit zu berücksichtigen.

Über diese generelle Gründe für finanzielle Flexibilität hinaus unterstellen einige Ökonomen sektoralen Aushandlungsmodellen eine höhere Anpassungsfähigkeit an geänderte Nachfragebedingungen gegenüber dem zentralen Lohnverhandlungsmodell. Neben der gesamtwirtschaftlichen Lage können auf dieser intermediären Ebene auch die Bedürfnisse einer bestimmten Branche berücksichtigt werden (Teutlings/Hartog 1998: 110). Gegenüber der betrieblichen Lohnverhandlung hat das sektorale Modell den Vorteil, dass es eine stabilere Verhandlungsgrundlage zwischen Arbeitnehmer- und Arbeitgebervertretern garantiert. Anpassung von Tarifverträgen an konjunkturelle Schwankungen sind so schneller möglich. Dem liegt die Vermutung zugrunde, dass Veränderung von Lohnabkommen zwischen sektoral organisierter Arbeitnehmer- und Unternehmerschaft einfacher ist als in betrieblichen Systemen. Auf Unternehmensebene stehen sich die Verhandlungspartner (Betriebsrat und Management) mißtrauisch und in vielen Fällen antagonistisch gegenüber, weshalb sie bei jeder Vertragsänderung den eigenen Nachteil befürchten müssen (Siebert 2001: 53 ff.). Insgesamt werden dennoch die betrieblichen Lohnverhandlungen als effizienteste und flexibelste bewertet, da diese neben den sektoralen auch regionale und betriebliche Bedürfnisse in ihre Lohnfindungsprozesse einbeziehen.[46] Da sich bisher nur in Großbritannien das betriebliche Lohnverhandlungsmodell durchgesetzt hat, könnte eine stärkere Lohnflexibilität in Resteuropa durch die Verlagerung von Lohnverhandlungen auf Betriebsebene erreicht werden.

---

[46] Nach einer großangelegten empirischen Untersuchung von Calmfors und Driffl konnte lange die Hypothese nicht widerlegt werden, dass zentrale Verhandlungssysteme ebenso gute Resultate hervorbringen wie die betrieblichen. Allerdings zeigen Anwendungen des Calmfors-Driffl-Ansatzes auf die Daten der neunziger Jahre, dass dezentrale Lohnregimes zu den ausgewogensten volkswirtschaftlichen Ergebnissen kommen (s. Dohse 2000: 69-71).

4.1.3 Lohnstrukturflexibilität

In der Frage der Lohnstrukturflexibilität zeigt sich ein relativ klares Bild: Grundsätzlich gibt es innerhalb der EU drei Gruppen von Staaten, die sich in der Ausprägung von Einkommensunterschieden stark voneinander abheben. Für den Vergleich wurde die Lohnspreizung gemessen, indem die Spanne zwischen den 20 % der einkommensstärksten Arbeitnehmer in einer Volkswirtschaft und den 20 % der geringstentlohnten Beschäftigten berechnet wurde.

In der ersten Gruppe, zu der die skandinavischen Staaten Finnland, Schweden und Dänemark gehören, verdient das oberste Einkommensfünftel nur etwa das Zwei- bis Dreifache der niedrig entlohnten Arbeitnehmer. Qualifizierungsunterschiede drücken sich in dieser Fallgruppe also nur spärlich in Lohndifferenzen aus. Hier zeigt sich ein Bild von gesellschaftlicher Homogenität, für das die skandinavischen Länder auch im Bereich der Sozialsysteme bekannt sind (Evers/Olk 1996: 13 ff.). Der deutliche Trend zur stärkeren Lohndifferenzierung in Schweden ist Folge einer Abkehr von der solidarischen Lohnpolitik der achtziger Jahre („Rehn-Modell"). Seit sich die Arbeitgeber Anfang der Neunziger zentralen Tarifverhandlungen verweigerten, konnten auf sektoraler Ebene stärkere Einkommensspreizungen erreicht werden. Schweden hat seitdem seine OECD-weite Führungsposition bei der Lohngleichheit an Dänemark abgetreten (OECD 2001e: 63). Danach folgt Finnland mit der zweitgeringsten Einkommensspreizung.[47]

Tabelle 4.3: Lohnspreizung in nordischen Staaten

Quelle: eigene Darstellung basierend auf Eurostat, allgmeine Statistik 2001

---

[47] Statt eine stärkere Lohnspreizung zuzulassen wurden in den Tarifverhandlungen 2001 sogar noch Lohnsteigerungen für Geringverdiener vereinbart, s. OECD 2002 : 52 ff.

Die am weitesten von dieser egalitären Einkommensstruktur entfernten Ökonomien in Südeuropa weisen Lohndifferentiale von 6,5-7,2 auf. Hier leben also die reichsten 20 % der Einkommensbezieher von mindestens dem sechseinhalbfachen Lohn gemessen an den 20 % der Einkommensschwächsten. Diese großen Abstände unter den Lohnempfängern lassen den Schluß zu, dass sich die hohen Produktivitätsunterschiede zwischen gering- und hochqualifizierter Arbeit hier deutlich bemerkbar machen.

Spanien, Griechenland und Portugal haben ihren komparativen Kostenvorteil im Geringqualifizierten-Sektor nach der Süderweiterung offensichtlich bewahren können (Lang 2000: 64). Allerdings zeigen auch die starken Lohnzuwächse nach den Süderweiterungen (Tabelle 4.2), dass sich das Einkommensniveau der „Besserverdienenden" in den südlichen Ländern der Lohnhöhe in Resteuropa weiter angenähert hat, wodurch diese starke Spreizung entstanden ist. Offensichtlich ist, dass sich die Löhne in diesen Staaten entlang der Qualifikationsgrenze sehr viel stärker auseinander entwickelt haben als bei den übrigen EU-Mitgliedern. Eine ähnliche, wenn auch etwas geringere Ausdifferenzierung der Löhne zeigt sich auf den angelsächsischen Arbeitsmärkten. Im Unterschied zu den Südländern scheint sich die Einkommensschere in Irland und Großbritannien jedoch bis zum Ende der neunziger Jahre weiter zu schließen.

Tabelle 4.4: Lonspreizung in südlichen und angelsächsischen Staaten

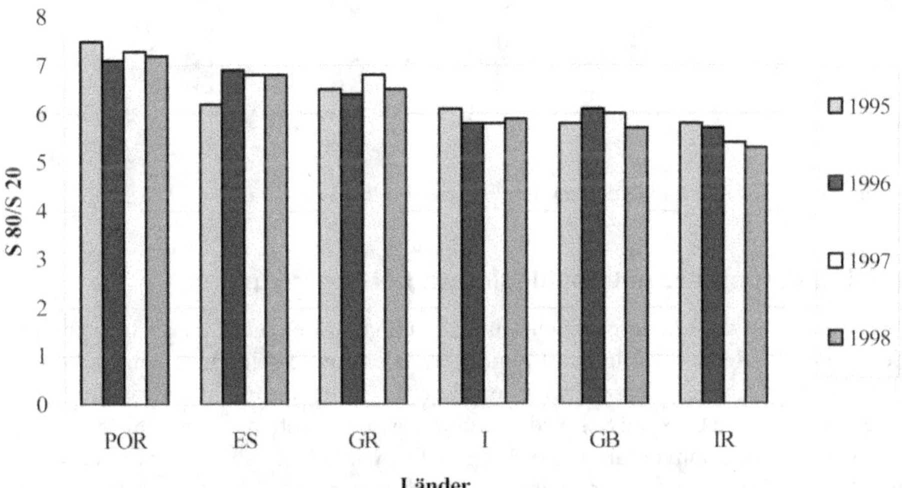

Quelle: eigene Darstellung basierend auf Eurostat, allgemeine Statistik 2001

Dazwischen liegen Staaten mit einem Lohndifferential, das sich zwischen 4 und 5,5 bewegt. Auf diesen Arbeitsmärkten liegen die Löhne von „Besserverdienenden" und Niedriglohnempfängern soweit auseinander, dass sich Qualifikation und Produktivität lohnen. Deutschland, Luxemburg und Frankreich liegen im oberen Teil dieser Fallgruppe, während die Niederlande und Österreich zu stärkerer Einkommensegalität tendieren. Grund für die geringen Lohnspreizungen in Skandinavien und die mittleren Lohndifferentiale in Kontinentaleuropa sind Mindestlöhne oder hohe Sozialleistungen, die ein weiteres Absinken der Niedriglöhne verhindern.

Auffällig ist, dass die geographischen Fallgruppen sich im Bereich der Lohnspreizung als durchaus homogen erweisen. Der Trend innerhalb der EU-Länder geht eindeutig in Richtung einer abnehmenden Lohnstrukturdifferenzierung. Bisher widerspricht damit die Empirie der vielfach in der wissenschaftlichen Literatur geäußerten Hypothese, dass die bevorstehende Osterweiterung zu stärkerer Lohnspreizung führen wird. Bis Ende der neunziger Jahre hat der Anpassungsdruck im Vorfeld der Erweiterung jedenfalls keine Wirkungen auf die Lohnstrukturflexibilität gezeigt.

Tabelle 4.5: Lohnspreizung in Kontinenaleuropa

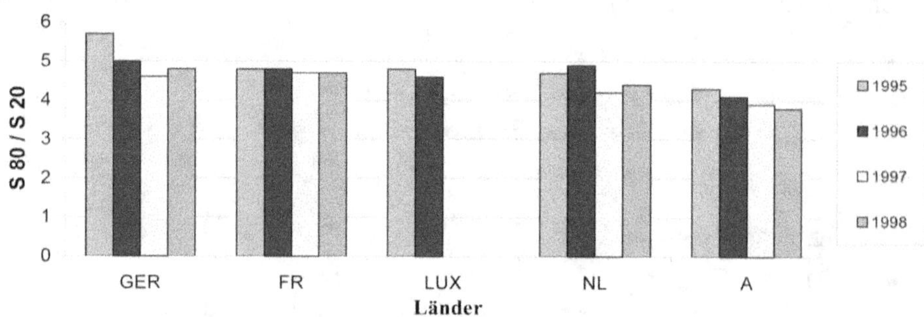

Quelle: eigene Darstellung basierend auf Eurostat, allgemeine Statistik 2001

4.1.4 Erklärung der unterschiedlichen Lohnspreizungen

Die Ergebnisse der Ländergruppen-Untersuchungen legen nahe, dass zur Erklärung der starken Unterschiede in der Lohndifferenzierung verschiedene Ansätze erforderlich sind. Einerseits lassen sich wie bei der Lohnflexibilität institutionelle Gründe entdecken: Das Beispiel Schwedens zeigt, dass eine größere Lohnspreizung durch dezentralisierte Lohnverhandlungen begünstigt wird. Je zersplitterter die Gewerkschaften sind, desto geringer ist ihre Verhandlungsmacht. Die Opposition der Gewerkschaften gegen die Einführung eines Niedriglohnsektors wird daher geschwächt, je weiter die Reichweite ihrer Tarifverträge (der „Deckungsgrad") und damit ihre

Verhandlungsmasse schrumpft. Eine konsequente Dezentralisierung der Lohnverhandlungssysteme dürfte demzufolge die Verhandlungsmacht der Gewerkschaften reduzieren und damit Lohnstrukturflexibilisierung ermöglichen.

Allerdings zeigt die geringe Lohnspreizung im dezentralisierten Dänemark, dass
hier offensichtlich noch andere Faktoren Einfluss ausüben. Verantwortlich für Lohn-
strukturrigidität könnten neben institutionellen Hindernissen also auch Gesellschafts-
ideale sein. Denn bei Verhandlungen zwischen Arbeitgebern und Arbeitnehmern
stehen meist verschiedenartige Kompensationsmassen zur Verfügung, die unterschiedlichen Themengebieten angehören: Lohnsteigerungen, Arbeitszeiten, Betriebs-
renten, Jobgarantien etc. Wenn also in einem Land über Jahrzehnte ein bestimmter
Bereich nicht berührt wurde, liegt die Vermutung nahe, dass es sich um eine gesellschaftlich verankerte Rigidität handelt. Demnach wäre die Lohnegalität in
Skandinavien als so tief im gesellschaftlichen Wertekanon verwurzelt, dass trotz
der Verdrängung von gering produktiven Sektoren ins Ausland und der hohen Arbeitslosigkeit unter Geringqualifizierten (s. Kapitel II) an der geringen Lohnspreizung
festgehalten wird. Die Ausgestaltung der Sozialsysteme institutionalisiert den egalitären Status quo: Durch Mindestlöhne und großzügige Lohnersatzleistungen werden Anreize zur Arbeitsaufnahme im Niedriglohnsektor beseitigt. In Südeuropa und
in den angelsächsischen Staaten scheint es diese gesellschaftliche Akzeptanz für
Einkommensequivalenz nicht zu geben. Wie sich im Laufe der folgenden Untersuchung zeigen wird, werden auf diesen Arbeitsmärkten jeweils andere Bereiche als
sensibel angesehen.

4.1.5 Perspektiven

Es zeigt sich in Skandinavien, in Süd- und Kontinentaleuropa eine Menge
Flexibilisierungsspielraum: Während im Norden und in Kontinentaleuropa die Lohnspreizung erweitert werden könnte, fehlt es im Süden an Lohnflexibilität. Auch Instrumente zur Umsetzung sind leicht zu entdecken. So kann eine stärkere
Lohnflexibilisierung zukünftig durch kürzere Geltungszeiträumen bei Tarifverträgen erreicht werden (Bolle/Neugart 2000: 20). Lange Vertragslaufzeiten verhindern
eine Anpassung der Löhne an die Nachfrageschwankungen auf dem Arbeitsmarkt.
Befürworter kurzlebiger Tarifverträge unterstreichen, dass die Wettbewerbsfähigkeit
von Ökonomien eng mit der Reaktionsfähigkeit von Löhnen auf Produktivitäts-
schwankungen verbunden sind (Nicoletti et al. 2001). Eine Dezentralisierung der
Lohnverhandlungsmodelle würde an beiden Übeln gleichzeitig ansetzen und neben
der Lohnniveauflexibilisierung auch eine bessere Anpassung der Lohnstrukturen
gewährleisten. Ein weiteres Mittel zur Erhöhung der Lohnspreizung wäre die Senkung von Sozialleistungen oder die Abschaffung von Mindestlöhnen, die eine Differenzierung verhindern. Abgesehen von Großbritannien gibt es also noch reichlich
Spielraum für finanzielle Flexibilität innerhalb der EU. Allerdings ist fraglich, ob

derartige Reformen in den jeweiligen Ländern auch gewollt und damit umsetzbar wären (s. dazu Kapitel V).

4.2 Mengenmäßige Anpassung

Entsprechend Kapitel 4.1 werden die aktuellen Entwicklungen in der mengenmäßigen Anpassungsfähigkeit beschrieben, anschließend erklärt und durch Perspektiven zur weiteren Flexibilisierung ergänzt.

4.2.1 Qualifikatorische Flexibilität

In Kapitel II wurde ein Zusammenhang zwischen Qualifikation und Arbeitslosigkeit unterstellt. Hier ist nun anhand der empirischen Daten die These zu überprüfen, dass ein höherer Bildungsstand eine größere qualifikatorische Flexibilität erzeugt und folglich das Risiko der Erwerbslosigkeit reduziert. Diese Annahme wird durch die statistischen Daten der Europäischen Zentralbank (EZB) für die Euro-Zone in vollem Umfang gestützt (s. Tabelle 4.6).[48]

Anhand der Statistik wird deutlich, dass es einen starken empirischen Zusammenhang zwischen dem Bildungsniveau und der Arbeitslosigkeit gibt: Je geringer der Bildungsstand, desto höher ist die Wahrscheinlichkeit, arbeitslos zu werden. In diesen Zahlen spiegelt sich eine sinkende Nachfrage nach gering qualifizierten Arbeitnehmern wider. Die empirischen Daten der EZB belegen diesen Zusammenhang indem sie ausweisen, dass sich das Beschäftigungswachstum innerhalb des höheren Bildungssegments seit 1992 durchschnittlich um 3,3 % erhöht hat, während der Anstieg im mittleren Bildungsniveau nur 1,1 % und bei gering qualifizierten Arbeitnehmern lediglich 0,6 % betrug (Europäische Zentralbank 2002: 16) .

Das in der Übersicht dargestellte „Educational mismatch" umfasst den Anteil der qualifikationsabhängigen Arbeitslosigkeit einer fiktiven Gruppe (u_i) an der gesamten Arbeitslosigkeit (u). In diesem Wert spiegelt sich also die mangelnde Übereinstimmung des erworbenen Humankapitals einer Gruppe von Arbeitsanbietern mit dem nachgefragten Qualifikationsprofil wider (Europäische Zentralbank 2002: 36). Im Zeitraum 1992-1997 zeigt sich in der Eurozone eine um 1 % gestiegene Deckung von Angebot und Nachfrage, also ein geringeres Mismatch. Die Deckungslücke vergrößerte sich in der konjunkturellen Aufschwungphase 1997-2000 jedoch wieder um 3 %. Damit hat sich das qualifikatorische Mismatch durchschnittlich für die gesamte Eurozone von 1992 bis 2000 um 2 % erhöht.

---

[48] Die Berechnung der Europäischen Zentralbank konnte für die EU-Mitgliedstaaten, die nicht Teil des gemeinsamen Währungsraums sind, leider nicht nachvollzogen werden, da der Verfasserin die notwendigen Berechnungsgrundlagen nicht zur Verfügung standen.

Tabelle 4.6: Educational Mismatch

Country	Unemployment rate 2000 (%)				Educational mismatch (var (u/u),%)			
	Total	Lower secondary education and less*	Upper secondary education**	Tertiary education***		Change (p.p.)		
					2000	1992-2000	1992-1997	1997-2000
Belgium	5,7	9,3	5,5	2,4	37	7	9	-2
Germany	7,9	14,0	8,0	4,2	39	19	11	8
Greece	9,2	8,5	11,0	7,2	5	0	0	-1
Spain	12,3	14,1	11,4	9,2	4	-1	-2	1
France	9,2	14,0	8,0	5,1	24	11	2	9
Ireland	4,3	7,5	2,6	1,9	50	16	8	7
Italy	8,4	10,0	7,4	6,1	6	2	0	2
Luxembourg	2,4	3,4	2,1	1,4	17	-	-	-
Netherlands	2,2	3,4	1,8	1,7	19	-29	-28	-1
Austria	4,5	8,2	4,0	2,4	47	25	4	21
Portugal	3,4	3,5	3,8	2,4	5	-12	-1	-11
Finland	8,1	12,2	8,9	4,8	20	4	5	0
Euro area	**8,1**	**11,2**	**7,5**	**5,0**	**14**	**2**	**-1**	**3**

geringe Schulbildung (Sekundar I), keine Berufsausbildung
**mittlere Schulbildung (Sekundar II), Berufsausbildung*
***abgeschlossenes Fachhochschul-/Hochschulstudium*
Quelle: Europäische Zentralbank 2002

Ins Auge fallen zunächst die hohen Mismatch-Werte in Irland und Österreich. In beiden Ländern erklärt sich die Arbeitslosenquote fast zur Hälfte durch die mangelhafte Übereinstimmung des Ausbildungsniveaus von angebotener und nachgefragter Arbeitskraft. Außerdem sind die Mismatch-Quoten in beiden Ländern seit 1992 stark angestiegen (Österreich: 25 % Steigerung, Irland: 16 %). Allerdings zeigt die Gegenüberstellung auch, dass die Arbeitslosigkeit in diesen beiden Ländern (mit 4,3 % bzw. 4,5 %) weit unter dem Eurozonen-Durchschnitt (8,1 %) liegt. In diese Gruppe fällt auch Belgien mit einer Mismatch-Quote von 37 % bei einer Gesamtarbeitslosigkeit von nur 5,7 %. Von dieser Fallgruppe kann also angenommen werden, dass bei ca. 95 % der erwerbsfähigen Bevölkerung kein Mismatch-Problem besteht. Qualifikatorische Flexibilität ist hier also nur in geringem Maße für Arbeitslosigkeit verantwortlich.

Alarmierender sind dagegen die Werte für die beiden größten Staaten Kontinentaleuropas, Deutschland und Frankreich. Der Anteil von qualifikationsspezifischem Mismatch beläuft sich in Deutschland auf 39%, in Frankreich immerhin noch auf fast ein Viertel bei fast doppelt so hohen Arbeitslosenquoten wie die erste Fallgruppe. Außerdem driften Angebot und Nachfrage in beiden Ländern im Hinblick auf das Humankapital seit 1992 weiter auseinander. Ein Blick in Tabelle 1 im Anhang illustriert, dass in Frankreich und Deutschland nur relativ geringe Anstrengungen unternommen werden, um Arbeitskräfte nach dem Prinzip des lebenslangen Lernens für neue Aufgaben weiterzuqualifizieren. Hier könnte eine verbesserte Qualifizierung helfen, Arbeitslosigkeit in beträchtlichem Umfang abzubauen.

Einen ähnlichen Zusammenhang zeigen die Daten der finnischen Ökonomie: Von den 8,1 % Arbeitslosigkeit läßt sich immerhin ein Fünftel durch mangelhafte Übereinstimmung von erlerntem und nachgefragtem Humankapital erklären. Wie die Partizipationsquoten an Weiterbildungsmaßnahmen (Tabelle A1, Anhang) zeigen, dürfte in Finnland die Kapazität staatlicher Weiterbildungsmaßnahmen ausgeschöpft sein, insbesondere seit die Zahlung von Lohnersatzleistungen an die obligatorische Teilnahme an Qualifizierungsmaßnahmen geknüpft wurden (Europäische Zentralbank 2002: 22). Im Gegensatz zu Frankreich und Deutschland wäre hier die Qualität des Bildungsangebots zu prüfen (OECD 2002: 58).

Daneben lassen sich die verbleibenden Staaten in zwei Kategorien einteilen: Die Südländer Spanien, Griechenland und Italien haben zwar gegen hohe Arbeitslosenquoten zu kämpfen, die jedoch bei einem derart geringem Mismatch-Faktor nicht von qualifikatorischer Rigidität herrühren. Besonders positiv hebt sich Portugal von den anderen südlichen EU-Staaten ab mit einer geringen Arbeitslosenquote von 3,4 % und einem Mismatch-Faktor von nur 5 %. Demgegenüber zeigen die kleinen Kontinentalstaaten Niederlande und Luxemburg eine an Vollbeschäftigung grenzende Arbeitsmarktbilanz, weshalb die mittleren Mismatch-Werte ebenfalls nicht ins Gewicht fallen.

Ein innereuropäischer Vergleich der Partizipationsquoten an staatlich geförderten Maßnahmen des Lebenslangen Lernens[49] (s. Tabelle A1 im Anhang) zeigt die großen Qualifizierungsanstrengungen der nordischen Staaten Schweden (21,6 %), Dänemark (20,8 %) und Finnland (19,6 %) ebenso wie Großbritannien (21,0 %), gefolgt von den Niederlanden (15,6 %). Allerdings zeigt das Beispiel Finnlands, dass aus solchen Statistiken nicht automatisch auf einen qualifikatorisch flexiblen Arbeitsmarkt geschlossen werden kann (OECD 2002: 58). Diese Bedenken werden auch durch die empirischen Daten anderer Länder gestützt: Griechenland hat trotz der niedrigsten Teilnehmerquote in Aus- und Weiterbildungsmaßnahmen kaum Mismatch-Probleme im Sinne der EZB-Studie. Ebenso beeinträchtigen die geringen Teilnehmerzahlen von durchschnittlich 3,6 % der Bevölkerung die gute Arbeitsmarktbilanz Portugals nicht. Insoweit ist ein Zusammenhang zwischen einer besseren Reintegration in den Arbeitsmarkt und hohen Partizipationsraten an staatlichen Qualifizierungsmaßnahmen zweifelhaft. Diese Erkenntnis widerspricht

---

[49] Das Prinzip des lebenslangen Lernens wird seitens der Europäischen Kommission stark propagiert und kann deshalb als Konzept der EU zur qualifikatorischen Flexibilisierung angesehen werden.

der Kommissions-Auffassung, lebenslanges Lernen als Wunderwaffe auf dem Arbeitsmarkt anzupreisen (Samek Lodovici 2000: 52).

Um die Bildungsangebote marktförmiger zu gestalten, fordert die Europäische Kommission zunehmend, dass die EU-Mitglieder verstärkt Unternehmen in ihre Qualifizierungsbemühungen einbeziehen sollten: Durch finanzielle Anreize wie Steuervorteile versuchen seitdem Italien, Luxemburg und Österreich Betriebe für ein größeres Weiterbildungsengagement zu gewinnen. In Form von Ausbildungsabgaben (Irland), verpflichtenden Ausbildungsinvestitionen (Frankreich), Verringerungen der Sozialabgaben für besonders engagierte Unternehmen (Niederlande) und die Förderung des Ausbildungsurlaubs (Dänemark) haben die meisten kontinentaleuropäischen Staaten den gleichen Weg eingeschlagen. Ein besonders herausragendes Beispiel innerhalb dieser Gruppierung ist Dänemark, wo das Instrument der Qualifikation exzessiv genutzt wird, um betriebsübergreifendes Humankapital zu bilden. Dänemark hat außerdem den Kündigungsschutz annähernd aufgehoben, um das Recht auf Bildung mit dem Druck zu höherer Mobilität zu verbinden (Ganßmann/ Haas 2001: 140 ff.). Auffällig ist im Europa-Vergleich, dass die Südländer Spanien, Griechenland und Portugal hinter diesen Qualifizierungsanstrengungen klar zurückbleiben. Die Verschiedenheit der genannten Konzepte zur Förderung der qualifikatorischen Flexibilität entspricht daher nicht nur der als vordringlich erkannten Problemstellungen im jeweiligen Land (Pauer 2000: 202), sondern auch der Zahlungs- und damit der Umverteilungsbereitschaft innerhalb der Bevölkerung.

4.2.2 Erklärung und Perspektiven

Die fehlende Übereinstimmung zwischen dem erlernten und dem auf dem Arbeitsmarkt nachgefragten Humankapital erklärt sich einerseits durch unzureichende Anpassung des Bildungssystems. Andererseits können Umstrukturierung von Unternehmen und Veränderungen von Arbeitsprozessen dem Arbeitnehmer nach dem Verlassen des Schul- und Ausbildungssystems Anpassungsleistungen abverlangen, auf die er/sie vorbereitet werden muss. Da alle Länder der EU durch den gemeinsamen Binnenmarkt gleichmäßig von technischem Fortschritt betroffen sind, liegt der Unterschied zwischen den Ländergruppen in der Bereitschaft zur Förderung von Weiterbildung.

Derzeit ist bei der qualifikatorischen Flexibilisierung ein starkes Nord-Süd-Gefälle erkennbar. Auf der einen Seite stehen die skandinavischen Staaten, die in starkem Maße öffentliche Finanzierung für Bildungssysteme bereitstellen, um die heimische Produktivität zu steigern. Diese Entscheidung beeinflusst gleichzeitig die Lohnstrukturflexibilität. Denn gut ausgestattete staatliche Bildungssysteme können nur durch hohe Steuern oder Abgaben und damit durch einen hohen Grad an Umverteilung finanziert werden. Arbeitnehmer mit höheren Einkommen geben also einen relativ großen Teil ihres Verdienstes an die Sozialsysteme ab, wodurch sich ihr Einkommen der Mittelschicht annähert. Folge einer flächendeckenden Qualifizierung gering produktiver Arbeitskräften ist wiederum deren Aufbau von einkommensrelevantem Humankapital und damit deren Annäherung an den Durchschnittsverdienst. Auf diese Weise haben die skandinavischen Länder über Einkommenskompression hohe qualifikatorische Flexibilität finanziert. Das vergleichsweise hohe Bildungsniveau ermöglicht es diesen Ökonomien, sich auf Marktsegmente mit höherem technischen Standard spezialisieren, und dadurch die egalitärere Lohnstruktur zu rechtfertigen.

Die Alternative dazu sind geringe staatliche Bildungskosten, die einen Arbeitsmarkt mit einem hohen Anteil an geringqualifizierten Arbeitskräften erzeugen. Für diesen Entwicklungspfad steht die Gruppe der südeuropäischen Länder, die staatliche Kosten für öffentliche Bildung gering halten und Weiterqualifizierung hauptsächlich für bestimmte Zielgruppen (wie jugendliche Arbeitseinsteiger, Frauen und Langzeitarbeitslose) reservieren (Samek Lodovici 2000: 39). Über diesen Entwicklungspfad wird die Produktivität einer Volkswirtschaft deutlich gegenüber hochtechnisierten Staaten reduziert. Dieser Wettbewerbsnachteil kann allerdings durch die Öffnung der unteren Lohngruppen in den Niedriglohnbereich ausgeglichen werden. Das Arbeitsmarktprofil weist dann andere komparative Kostenvorteile auf als das skandinavische Modell. Ein Land mit geringer durchschnittlicher Produktivität ist insbesondere als Standort für arbeitsintensive Produktionsverfahren mit niedriger Lohnkostenstruktur geeignet. Der trade-off zwischen qualifikatorischer und Lohnstrukturflexibilität ist also in erster Linie als Standortentscheidung zu verstehen.

Hier spiegelt sich auch die soziale Wertschätzung von Bildung gegenüber anderen staatlich finanzierten Gütern wider. Als Beispiel bietet sich hier das angelsächsische Staatsverständnis an. In diesen Staaten wird eine kostenintensive Intervention des Staates zugunsten höherer Umverteilung weitgehend abgelehnt (Rooke 2001: 25). Der Bürger ist in den angelsächsischen Staaten (aber auch in den südlichen EU-Mitgliedsländern) für die Investitionen in seine Bildung selbst verantwortlich. Dafür steht ihm ein größerer Teil seines Einkommens zur Verfügung, weil er die Aus- und Weiterbildung anderer nur in geringem Maße mitfinanziert. Das angelsächsische Modell baut daher auf individuelle Bildungsentscheidungen statt auf staatliche Fürsorge nach dem skandinavischen Modell. Die kontinentaleuropäischen Staaten liegen zwischen diesen beiden Polen.

4.2.3 Numerische Flexibilität

Zur Einschätzung der numerischen Flexibilität gilt es, den Arbeitsplatzschutz und die Anpassungsmöglichkeiten durch atypische Beschäftigungsverhältnisse zu bewerten. In diesem Teil der Arbeit zeigt sich deutlich, dass die wissenschaftliche Bewertung empirischer Daten hinter den aktuellen Entwicklungen auf den Arbeitsmärkten weit zurückbleibt. Detaillierte Rankings, die ein aussagekräftiges Bild der europäischen Arbeitsmärkte zeichnen könnten, reichen in ihrer Datenerfassung nur bis Anfang der Neunziger Jahre zurück (OECD 1994, Grubb/Wells 1993). Die inzwischen überholten Rankings werden deshalb um aktuelle gesetzgeberische Entscheidungen ergänzt. Die Rangordnung selbst zu aktualisieren ist aufgrund der Fülle an Indikatoren in diesem Rahmen nicht möglich.[50]

Im Hinblick auf den Kündigungsschutz ist das Bild der EU-Arbeitsmärkte noch immer fragmentiert: Zwar gibt es seit 1975 eine EU-Richtlinie für Massenentlassungen. Diese schreibt eine Konsultation der Arbeitnehmervertretung ebenso wie eine Nachricht an die zuständige Arbeitsverwaltung vor. Allerdings ist die Begriffsdefinition von „Massenentlassungen" je nach Land unterschiedlich. Eine einheitliche Vorgehensweise bei individuellen Kündigungen gibt es nicht (Samek Lodovici 2000: 36).

Wie Tabelle A 3 im Anhang zeigt, kamen die OECD Job Studies 1994 zu dem Ergebnis, dass es auch im Bereich des Arbeitsplatzschutzes ein starkes Nord-Süd-Gefälle innerhalb der EU gibt. Während die skandinavischen zusammen mit den angelsächsischen Staaten die geringste Regulierungsdichte aufwiesen, operierten die Südländer mit den striktesten Bestimmungen. Dazwischen lagen die kontinentaleuropäischen Staaten, unter denen allein die Niederlande ihren Arbeitsplatzschutz in bemerkenswerter Weise reformiert hatten. Insgesamt waren die EU-Staaten im Vergleich zu den anderen OECD-Ländern jedoch stark arbeitsrechtlich reguliert (Samek Lodovici 2000: 37).

Seit Mitte der neunziger Jahre hat es zahlreiche Maßnahmen einzelner Staaten gegeben, um höhere numerische Flexibilität auf ihren nationalen Arbeitsmärkten zu erreichen. Allerdings bildet der Kündigungsschutz in vielen Staaten noch immer den sensibelsten Bereich staatlicher Regulierungskompetenz. Tiefgreifende Reformen beim Kündigungsschutz finden sich derzeit nur in Großbritannien und Dänemark. Die anderen europäischen Regierungen sind – wie Tabelle A 3 im Anhang zeigt - den einfacheren Weg über die Schaffung und Erweiterung gesetzlicher Grundlagen für die Zulassung von Leih- und Zeitarbeit gegangen. Das Diagramm 4.7 illustriert den Anteil von atypischen Beschäftigungsverhältnissen[51] an der Gesamtbeschäftigung der jeweiligen Volkswirtschaften.

---

[50] Nach der Vorlage der Studie von Grubb und Wells wären damit die nationalen Arbeitsmarktregulierung in den Kategorien „administrativen und prozeduralen Hindernisse", „Kündigungsfristen", „Abfindungen" und „Entlassungschwierigkeiten" für alle 15 EU-Mitglieder neu zu bewerten.

[51] Unter atypische Beschäftigungsverhältnisse fallen neben Leih- und Zeitarbeit auch die Teilzeitstellen.

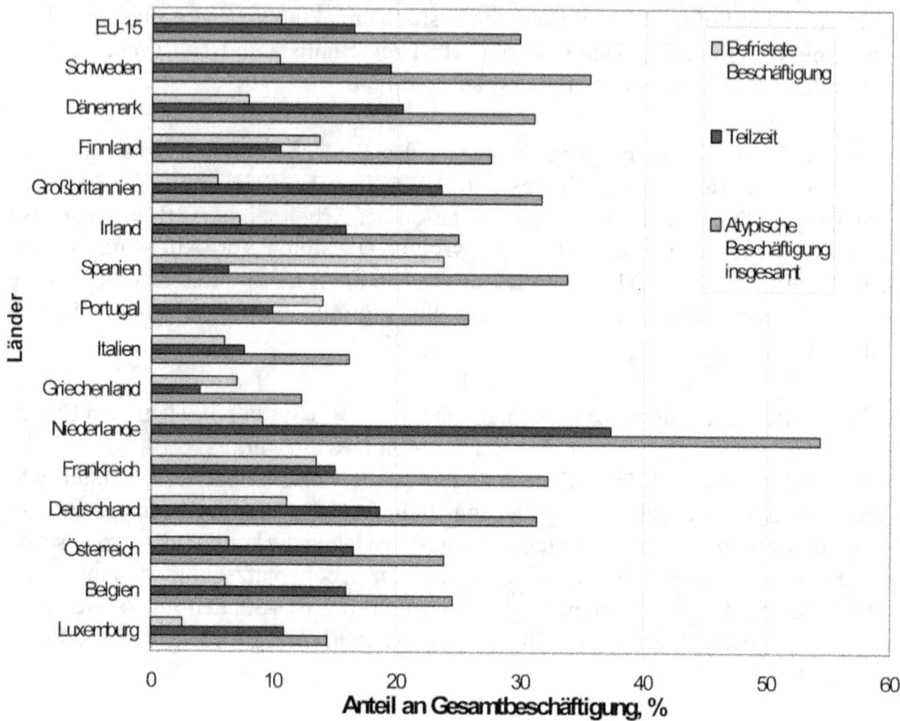

Quelle: Europäische Kommission 2001, Beschäftigungsbericht

Bei diesen Leih- und Zeitarbeitsverträgen ist die Dauer des Beschäftigungsverhältnisses schon ab Vertragsschluss begrenzt. Eine Kündigung ist also nicht erforderlich, um einen regelmäßigen Wechsel innerhalb der Randbelegschaft zu erreichen. Teilzeitarbeit gehört ebenfalls zu den atypischen Arbeitsverhältnissen, da für Teilzeitstellen der Arbeitsplatzschutz grundsätzlich geringer ist. Ausnahmen bilden die nordischen Staaten und die Niederlande, die besondere Schutzbestimmungen für Teilzeitarbeitsverhältnisse eingeführt haben (Samek Lodovici 2000: 37). Hier zeigt sich ein Zwiespalt bei der Bewertung von Teilzeit als Mittel zur Arbeitsmarktflexibilisierung: Je attraktiver Regierungen die Arbeitsschutzbedingungen für Teilzeitstellen gestalten, desto geringer ist der Beitrag dieser Beschäftigungsverhältnisse für die Anpassung an sektorale und konjunkturelle Schwankungen. Belässt der nationale Gesetzgeber die Teilzeitarbeit auf einem rechtlich ungesicherten Niveau, so ist der Anreiz zur Aufnahme solcher Beschäftigungsverhältnisse derart gering, dass sie ebenfalls bedeutungslos für dieFlexibilisierung sind. Bei den Leih- und Zeitarbeitsverhältnissen hängt die Akzeptanz in der Arbeitnehmerschaft im Wesentlichen von der Verlängerbarkeit eines solchen Arbeitsvertrages und dem Mangel an besser abgesicherten Alternativen ab.

In der Grafik stechen besonders die Niederlande mit einem Teilzeitanteil von mehr als 35% an der Gesamtbeschäftigung hervor. Wie oben erläutert, bedurfte es auch in den Niederlanden mehrerer gesetzgeberischer Initiativen, bis Teilzeitbeschäftigung derart nachgefragt wurde: Seit 1996 ist die Teilzeit- der Vollzeitbeschäftigung arbeitsrechtlich gleichgestellt.[52] Allerdings ist durch die außergewöhnlich hohe Absicherung der Teilzeitarbeit (s. o.) kein Flexibilisierungseffekt für den Arbeitsmarkt zu erwarten. Bezüglich der Normalarbeitsverhältnisse ist der niederländische Kündigungsschutz stark formalisiert (Becker 2000: 122). So bedarf es selbst bei individuellen Entlassungen der Genehmigung des regional zuständigen Arbeitsamts. Um diesem teuren und langwierigen Prozess ausweichen zu können, gründeten die Arbeitsmarktakteure Leiharbeitsfirmen. Zu diesem Zweck wurden die Einsatzmöglichkeiten für Zeit- und Leiharbeit und die Dauer solcher Vertragsverhältnisse teilweise liberalisiert.[53]

Relativ strikte Vorgaben bei der Verwendung von atypischen Arbeitsverhältnissen herrschen derzeit in weiten Teilen Süd- und Kontinentaleuropas vor. In Italien ist beispielsweise der Einsatz von Leiharbeitern noch immer nur unter bestimmten Bedingungen zulässig, die von den Tarifparteien formuliert werden (Samek Lodovici 2000: 282). Gesetzliche Regulierung von atypischen Beschäftigungsverhältnissen haben zur Folge, dass Zeitarbeit auf den italienischen, griechischen und einigen kontinentaleuropäischen Arbeitsmärkten nur marginal eingesetzt wird. Die geringe Zeitarbeitsquote in Großbritannien ist dagegen der starken Deregulierung des Kündigungsschutzes für Normalarbeitsverhältnisse geschuldet (Deakin/Reed 2000: 124). Denn auf einem Arbeitsmarkt mit geringen Entlassungskosten für unbefristete Vollzeitstellen fehlt der Anreiz für Arbeitgeber, sich für ein befristetes Verhältnis zu entscheiden.

Vorreiter bei der Anwendung von Zeitverträgen ist hingegen Spanien. Hier liegen die Gründe allerdings in der umgekehrten Ausprägung dieses Zusammenhangs. Denn starre Kündigungsschutzregelungen aus der Franco-Ära haben in Spanien bis heute - trotz der jahrzehntelang höchsten Arbeitslosigkeit in der EU – Bestand (OECD 2001d: 40). Für spanische Unternehmen ergeben sich daraus hohe Entlassungskosten,

---

[52] In diesem Sinne wurde den Teilzeitarbeitnehmern der Zugang zur Sozialversicherung durch die entsprechende Anpassung der Berechtigungsgrenze geöffnet. Vor dem Machtwechsel in den Niederlanden wurde sogar der Plan verfolgt, Arbeitnehmern einen gesetzlichen Anspruch auf Umwandlung einer Vollzeit- in eine Teilzeitstelle zu geben (s. Gorter 2000:188).

[53] Liberale Ansätze wurden jedoch im Bereich der Zeit- und Leiharbeit durch das „Flexicurity-Modell" eingeschränkt. Das bedeutet, dass die temporären Beschäftigungsverhältnisse mit dem Ablauf von zwei Jahren Vertragsdauer in feste Arbeitsverhältnisse überführt werden müssen (Gorter 2000: 188).

die sie zur Zurückhaltung bei Neueinstellungen veranlassen. Seit 1984 erlaubt eine gesetzliche Liberalisierung temporärer Arbeitsverhältnisse den Unternehmen, teure Entlassungen zu umgehen.[54] Seit dieser Reform stieg der Anteil der Zeitarbeitsverhältnisse sprunghaft von 58,8 % der Neueinstellungen in 1987 auf 87,9 % in 1999 an (Polavieja/Richards 2001: 212). Inzwischen versucht der spanische Gesetzgeber die inflationäre Verwendung von Zeitarbeit durch obligatorische Abfindungszahlungen einzudämmen. In Portugal ist die Situation ähnlich: Strikter Arbeitsplatzschutz und hohe Zeitarbeitsquote. Die Beobachtung lässt den Schluß zu, dass ein trade-off der Regulierungsregimes im Bereich der numerischen Flexibilität innerhalb der Kategorie verläuft. Um ihre strengen Kündigungsschutzbestimmungen aufrechtzuerhalten, lassen nationale Gesetzgeber eine Anpassung über befristete Beschäftigung zu (Lang 2000: 71).

4.2.4 Perspektiven

In diesem Ressort der Flexibilität reicht die Spannbreite innerhalb der EU von Staaten mit hohen bürokratischen Hürden, hohen Abfindungszahlungen und einer weitgefächerten Definition ungerechtfertigter Kündigungen (z. B. Spanien und Portugal) bis zu Ländern, in denen Kündigungsschutz einen geringen Stellenwert hat. Insbesondere in Dänemark und Großbritannien existieren kaum Anspruchsgrundlagen für Wiedereinstellung oder finanzielle Kompensation durch den Arbeitgeber. Allerdings ist bezüglich des Arbeitsplatzschutzes zu beobachten, dass es kaum tiefgreifende Reformen innerhalb der EU gab, die gegen gesellschaftlich tradierte Besitzstände gerichtet waren.[55] Es wird daher vermutet, dass die Reformen in Großbritannien und Dänemark nur erfolgreich waren, weil dort der Kündigungsschutz relativ spät eingeführt wurde und ihm von der Gesellschaft kein großer Wert beigemessen wurde (Deakin/Reed 2000: 122, Franke 2000: 255).

Die gesellschaftlich akzeptiertere Flexibilisierungsalternative besteht in der Zulassung von Zeit- und Leiharbeit, mit deren Hilfe kostspielige Entlassungen vermieden werden können. Dieser Weg führt allerdings zu einer Dreiteilung des Arbeitsmarkts: Arbeitnehmer mit unbefristeten Verträgen bilden eine rechtlich hoch abgesicherte Kernbelegschaft, die immobil und inflexibel bleibt. Daneben entwickelt sich eine befristet beschäftigte Randbelegschaft, die den größten Teil der Anpassungslasten trägt und kaum Aussicht auf feste Arbeitsverträge hat.[56] Den dritten Teil stel-

---

[54] Seitdem sind Zeitarbeitsverträge bis zu einer maximalen Dauer von drei Jahren verlängerbar. Nach Auflauf dieser Frist ist es durch eine veränderte Umschreibung des Stellenprofils und aufgrund fehlender Kontrolle möglich, Zeitarbeitsverhältnisse aufrecht zu erhalten (Toharia/Malo 2000: 313).

[55] Versuche, solche Reformen durchzusetzen erzeugten meist starken Widerstand in der Bevölkerung, weshalb die Vorhaben letztlich fallen gelassen wurden, s. Kapitel V.

[56] In Spanien liegt der Anteil der später in Festverträge überführten Zeitarbeitsverhältnisse bei 10% (Polavieja/Richards 2001: 213).

len die Arbeitslosen dar, deren Anreiz umzuziehen oder eine ausbildungsfremde Beschäftigung anzunehmen für befristete Arbeitsverträge zu gering ist.

Auf vielen EU-Arbeitsmärkten zeichnet sich der Trend ab, dass sich mehrheitlich bestimmte Personengruppen in Arbeitslosigkeit oder in Randbelegschaften wiederfinden und auf diese Weise marginalisiert werden: Frauen, ältere Arbeitnehmer, Langzeitarbeitslose und Berufsanfänger. Spanien führte aus diesem Grund 1997 ein spezielles Beschäftigungsverhältnis für diese Zielgruppen ein, das Unternehmen geringere Entlassungskosten trotz eines unbefristeten Arbeitsvertrags ermöglicht.[57] Solange die Widerstände gegen eine Reformierung des Kündigungsschutzes in Kontinental- und Südeuropa von der jeweiligen Regierung als stark eingeschätzt werden, sind perspektivisch eher Arbeitsmarktreformen nach spanischem als nach britischem Muster zu erwarten.

4.2.5 Arbeitszeitflexibilität

Das Ausmaß an Arbeitszeitflexibilisierung wird in den meisten EU-Staaten im Zusammenspiel zwischen nationaler Gesetzgebung und sektoraler Anpassung entschieden. Dänemark und Großbritannien sind auch hier Ausnahmeerscheinungen, da in beiden Staaten die Festlegung von Arbeitszeiten ausschließlich den Betrieben vorbehalten ist. Der Gesetzgeber reguliert in beiden Staaten weder eine generelle Wochenarbeitszeit, noch die maximale Anzahl erlaubter Überstunden. Wochenend- bzw. Nachtschichtverbote existieren in beiden Staaten ebenfalls nicht. Bei dezentral vereinbarten Arbeitszeiten können die Unternehmer stärker als bei anderen Arbeitszeitregimes die Bedürfnisse ihres Sektors und der betriebsspezifischen Produktionsweise in die Verhandlungen einbringen.

Das andere Extrem verkörpert Frankreich, wo die Regierung Chirac/Jospin die gesetzliche Wochenarbeitszeit auf 35 Stunden reduzierte. Damit zwang der französische Gesetzgeber die Unternehmer zu stärkerer Verhandlungsbereitschaft gegenüber den Arbeitnehmervertretern (Uterwedde 2000: 102 ff.). Um hohe Kosten durch Massenüberstunden durch die Einführung von Jahresarbeitszeitmodelle abzuwehren, mussten sie den Beschäftigten in ihren Forderungen entgegenkommen.

Auch in den übrigen Mitgliedstaaten finden spezielle Modelle Anwendung, um tatsächlich benötigte Arbeitszeiten innerhalb des gesetzlichen Rahmens zu realisieren: traditionelle Überstunden, Wochenend- und Nachtschichten ebenso wie Zeitkonten. In diesem Zusammenhang sind regional abweichende Flexibilisierungsmuster zu beobachten. Die Südländer Spanien, Portugal und Griechenland nutzen generell

---

[57] Dazu wurden einerseits die Abfindungszahlungen im Kündigungsfall reduziert, andererseits die Gründe für die gerechtfertigte Beendigung solcher Arbeitsverhältnisse erweitert (OECD 2001d: 66 ff.).

häufiger Überstunden, Schicht- und Wochenendarbeit um konjunkturbedingte Mehrarbeit zu bewältigen. Hintergrund sind großzügige Prämien für geleistete Überstunden und Sonderschichten (durchschnittlich ca. 75 % Aufschlag), mit denen die Erwerbstätigen im Süden Europas ihre vergleichsweise geringen Gehälter aufbessern (Samek Lodovici 2000: 40). So erklären sich auch die im EU-Durchschnitt hohen Jahresarbeitsstunden in Griechenland, Portugal und Spanien (s. Anhang, Tabelle A2). Arbeitszeitflexibilität wurde auf den südeuropäischen Arbeitsmärkten verstärkt als Mittel zur Flexibilisierung genutzt. Aktuell werden in Italien, Griechenland und Portugal Zeitmodelle eingeführt, bei denen im Austausch gegen eine Reduzierung der Jahresarbeitsstunden von den Arbeitnehmern flexiblere Einsatzzeiten in Kauf genommen werden (Europäische Zentralbank 2002: 26). Im EU-Vergleich erreichen die Südstaaten allerdings nur den zweiten Rang bei der Nutzung flexibler Arbeitszeitmodelle.

Flexible Zeitarrangements sind am häufigsten in den angelsächsischen Staaten zu beobachten. Wie in Tabelle A2 im Anhang ersichtlich, werden von den Beschäftigten dort die prozentual stärksten Abweichungen von der festgelegten Arbeitszeit hingenommen und außerdem mehr flexible Arbeitszeitmodelle vereinbart, als in den anderen Ländergruppen. In Irland und Großbritannien ist es also weit verbreitet, Schicht-, Nacht- und Wochenendarbeit in die normalen Arbeitsverträge aufzunehmen. Allerdings ist festzustellen, dass das Vereinigte Königreich in der angelsächsischen Fallgruppe in jeder einzelnen der untersuchten Kategorien von flexibler Arbeitszeitgestaltung mit Abstand Vorreiter ist.

Die kontinentaleuropäischen Arbeitsmärkte zeigen sich bezüglich der Arbeitszeitflexibilität eher rigide. Die Abweichungen von den vertraglich vereinbarten Arbeitszeiten sind geringer als in den anderen Staatengruppen. Nur die Niederlande stechen mit einer ähnlichen Variationstoleranz bei den Zeitvereinbarungen hervor wie sie in Großbritannien zu beobachten ist. Gemeinsam ist den Gruppenmitgliedern jedoch, dass Schicht-, Nacht- und Sonntagsarbeit vergleichsweise selten in Vertragsvereinbarungen enthalten sind, während Samstagsarbeit eher akzeptiert wird. Ein Grund für die zeitliche Rigidität liegt darin, dass flexible Arbeitszeitmodelle in Kontinentaleuropa nicht so lukrativ vergütet werden wie im südlichen Europa. Denn bei einem im Durchschnitt nur 25% betragenden Aufschlag pro zusätzlich oder abweichend geleisteter Arbeitsstunde ist der finanzielle Anreiz in der Substitutionsbeziehung zwischen Arbeit und Freizeit offenbar für viele Beschäftigten zu gering, um sich für Überstunden oder Sonderschichten zu entscheiden (Dohse 1998: 74). Allerdings zeigen sich auch in Kontinentaleuropa zeitliche Flexibilisierungsansätze, wie das österreichische Bandbreiten-Modell[58] oder die deutschen Zeitkonten (Europäische Zentralbank 2002: 26, Schulze Buschoff, 2000: 33).

---

[58] Es erlaubt die Aufstockung oder Absenkung von Wochenarbeitszeiten durch den Arbeitgeber, s. Europäische Zentralbank 2002: 26).

4.2.6 Perspektiven

Ob und inwiefern Arbeitszeitflexibilität innerhalb der nationalen EU-Arbeitsmärkte als Mittel zur Anpassung an Nachfragefluktuationen erlaubt ist, entscheiden die nationalen Gesetzgeber meist im Zusammenspiel mit den Tarifpartnern. Wie schon bei der finanziellen Flexibilität reicht die Spanne tarifvertraglichen Regulierungen in Kontinental- und Südeuropa bis zu Betriebsvereinbarungen ohne gesetzgeberische Restriktionen in Dänemark und Großbritannien. In beiden Modellen entscheidet jedoch die Anreizstruktur, ob rechtlich mögliche Arbeitszeitspielräume tatsächlich genutzt werden. Betriebliche Anreize (in Form von Zusatzvergütungen) und staatliche Anreize (durch flächendeckende Kinderbetreuungsangebote) sind hier entscheidend.

Großbritannien ist bei der Arbeitszeitflexibilität der Vorreiter in Europa. Daneben zeigen auch die Südländer eine hohe Anpassungsfähigkeit bei den Arbeitszeiten, auch wenn hier vorwiegend die traditionellen Modelle mit Überstunden und Sonderschichten statt moderner Zeitkonten verwendet werden. Die kontinentaleuropäischen Arbeitsmärkte öffnen sich gegenüber liberaleren Arbeitszeiten nur bedingt. Anpassungsbedarf besteht weiterhin im Hinblick auf Jahresarbeitszeitmodelle. Da hier zahlreiche Reformansätze derzeit ausprobiert werden, ist eine weitere Flexibilisierung der Arbeitszeiten wahrscheinlich.

Aufgrund des starken Einflusses von Arbeitszeiten auf Privat- und Familienleben sind der zeitlichen Anpassungsfähigkeit des Einzelnen enge Grenzen gesetzt. Hier sollte deshalb nicht unterschlagen werden, dass die traditionelle Familienstruktur in den südeuropäischen Staaten wesentlich zu deren Zeitflexibilität beiträgt. In Volkswirtschaften mit einer generellen Tendenz zur Doppel-Verdiener-Partnerschaft sind flächendeckende Betreuungsangebote für Kinder elementar, um die Voraussetzungen für Arbeitszeitflexibilität zu schaffen. Das erfordert letztlich eine höhere Umverteilung, da diese Einrichtungen von Seiten des Staates durch höhere Steuern oder gesonderte Abgaben finanziert werden müssen.

V Interessen und Durchsetzungschancen

Wie in den vorangegangenen Kapiteln analysiert wurde, herrschen in der EU unterschiedliche Regulierungssysteme für Arbeitsmärkte vor. An dieser Stelle sollen die Flexibilisierungsansätze noch einmal zusammenfassend dargestellt werden, um Präferenzen ableiten zu können und damit die abweichenden Interessenlagen zu verdeutlichen. Da die Positionierung einer nationalen Regierung zur Arbeitsmarktflexibilität in erster Linie von ihrer parteipolitischen Zusammensetzung abhängt und damit im Wahlrhythmus schwankt, erscheint eine Schlussfolgerung aus pfadabhängigen Arbeitsmarktentwicklungen als zuverlässigeres Mittel zur Ermittlung zukünftiger Perspektiven einer europäischen Flexibilisierungspolitik. Die Durchsetzbarkeit von eventuell möglichen Maßnahmen wird anschließend durch eine nähere Betrachtung der gesellschaftlichen Restriktionen in den jeweiligen Fallgruppen bestimmt. Die politische Schnittmenge wird also durch die nationalen Arbeitsmarktprofile und die gesellschaftliche Akzeptanz begrenzt. Abschließend folgt eine juristische Bewertung der Frage, ob eine weitere Vergemeinschaftung der Arbeitsmarktpolitik durch das Subsidiaritätsprinzip gedeckt wäre.

Allgemein sind die derzeit in Europa zu beobachtenden Rigiditäten der Arbeitsmärkte im Gegensatz zu dem als dereguliert und flexibel geltenden US-Arbeitsmarkt auf die unterschiedliche Entwicklung des Machtgefüges zwischen Arbeitgebern und Arbeitnehmern seit den 60er Jahren zurückzuführen (Berthold/Fehn 2000: 224, Bilger 2000: 78). Infolge einer jahrelangen Arbeitsknappheit in Kontinentaleuropa gelang es den Arbeitnehmern, die institutionellen Rahmenbedingungen zu ihren Gunsten zu verändern. So wurden die wohlfahrtsstaatlichen Systeme ausgebaut, der Kündigungsschutz verschärft und Lohnverhandlungssysteme eingeführt, welche die Marktmacht der Gewerkschaften erhöhten. Als sich jedoch die wirtschaftliche Lage in Europa änderte und infolge von externen und sektoralen Schocks die Arbeitslosigkeit immer weiter anstieg, wurden diese Institutionen unmittelbar zum Nachteil für die Arbeitnehmer, blieben aber unangetastet. Die folgende Analyse soll nun zeigen, dass sich in der Zwischenzeit Arbeitsmarktrigiditäten zu gesellschaftlich tradierten Präferenzen entwickelt haben und damit nur noch schwer reformierbar sind.

5.1 Politisch: Regulierungsregime und Flexibilität

Auf den meisten EU-Arbeitsmärkten wurden in den vergangenen Jahrzehnten nur einzelne Flexibilisierungsmaßnahmen vorgenommen, während die großen Umwälzungen bisher ausgeblieben sind. Als Ausnahme ist Großbritannien anzusehen, das infolge der tiefgreifenden Reformen der Thatcher-Ära den EU-weit flexibelsten Arbeitsmarkt besitzt: Mangels arbeitsrechtlicher Vorgaben werden die Arbeitszeitkonditionen ebenso wie die Löhne auf Betriebsebene ausgehandelt. Das ermöglicht

eine Berücksichtigung von sektoralen, regionalen und konjunkturellen Anpassungserfordernissen. Statt großflächiger Anstrengungen, um qualifikatorische Flexibilität zu erreichen, setzen die Briten auf Zielgruppenförderung. Darüber hinaus ist
eine Anpassung der Belegschaft arbeitsrechtlich kaum beschränkt. Denn bei mini-
malem Kündigungsschutz und niedrigen Lohnersatzleistungen gibt es kaum Alternativen für Arbeitskräfte, als sich der Arbeitsnachfrage beruflich und geographisch
anzupassen. Die britische Arbeitsmarktflexibilität ist derart ausgeprägt, dass
Gemeinschaftsrichtlinien eine Beschränkung bedeuten könnten, sofern sie auf den
durchschnittlich regulierten EU-Arbeitsmarkt zugeschnitten sind.[59]

Die skandinavischen Staaten scheinen ebenfalls auf höhere Mobilität der Arbeitnehmer zu setzen. Allerdings wird dieses Konzept in Skandinavien über den Bildungs-
weg verfolgt: Im Gegensatz zu Dänemark wurde der Arbeitsplatzschutz in Finnland
und Schweden nur teilweise reduziert. Darüber hinaus bieten die sozialen Sicherungssysteme noch immer großzügige finanzielle Kompensationen bei Arbeitslosigkeit.
Die skandinavischen Arbeitnehmer werden durch großflächige Bildungsoffensiven
bei den Anpassungserfordernissen des Arbeitsmarkts unterstützt. Verschärfte
Zumutbarkeitskriterien bei Arbeitsangeboten und finanzielle Sanktionen bei Nicht-
annahme erzeugen den notwendigen ökonomischen Druck für Mobilität und
qualifikatorische Flexibilität. Im Bereich der Lohnflexibilität gab es einen deutlichen Fortschritt: Die finnischen und schwedischen Lohnverhandlungen wurden von
der nationalen auf die sektorale Ebene verlegt. Dadurch erhöhte sich die Lohnflexibilität, während die Lohnspreizung weiterhin gering ist. Hier scheint die Pfad-
abhängigkeit insbesondere in der egalitären Ausrichtung der Arbeitsmärkte zu liegen: Bildung und Wohlstand für alle genießen in den skandinavischen Ländern trotz
der immensen gesamtgesellschaftlichen Kosten eine hohe Wertschätzung.

Dass Dänemark einen Schritt weiter ging und auch seinen Kündigungsschutz refor-
mierte, war nur unter zwei Bedingungen möglich. Erstens waren die Kosten einer
hohen Arbeitslosigkeit in Dänemark wesentlich früher und stärker bemerkbar und
ließen sich von dem nationalen Haushalt nicht mehr finanzieren (Björklund 2000:
169). Zweitens wurde der Kündigungsschutz in Dänemark erst in den siebziger Jahren eingeführt und war daher im Anspruchsdenken der Arbeitnehmer weniger stark
verwurzelt als in Kontinentaleuropa. Insgesamt ist dieser Reformschritt also nicht
als Abweichen Dänemarks von seinem Entwicklungspfad zu bewerten.

In Südeuropa erfolgt die Anpassung an geänderte Nachfragebedingungen hauptsächlich über flexible Arbeitszeiten und Lohnspreizung. Das südeuropäische Regulie-

---

[59] Als Beispiel kann die EU-Teilzeitarbeitsrichtlinie angeführt werden. Mit dem Ziel, die Akzeptanz für
Teilzeitarbeitsverhältnisse zu erhöhen, schrieb die EU im Rahmen dieser Richtlinie ihren Mitgliedern
eine stärkere arbeitsrechtliche Absicherung von Teilzeitstellen vor. Das Ergebnis für den britischen
Arbeitsmarkt war eine Re-Regulierung, (Samek Lodovici 2000: 49).

rungsregime scheint damit auf dem Prinzip der Abgrenzung zu beruhen: Intensiv arbeitsrechtlich geschützt wird eine Kernbelegschaft. Diese soll zwar durch Anpassung ihrer Arbeitszeiten konjunkturelle Schwankungen auffangen, kann darüber hinaus jedoch unflexibel und immobil bleiben. Bestimmte Personengruppen bilden die Randbelegschaft (besonders Frauen, Ältere und Berufsanfänger, s. Kapitel IV), die den größten Teil der Anpassungskosten bei Nachfrageänderungen trägt. Aufgrund der hohen Entlassungskosten bei regulären Arbeitsverhältnissen, bleibt Arbeitnehmern der Randbelegschaft meist nur die Wahl zwischen Arbeitslosigkeit und befristeter Beschäftigung. Eine weitere Abgrenzung findet im Bildungsbereich statt, da Qualifikationsmaßnahmen nur für bestimmte Zielgruppen zugänglich sind. Aber auch bei den Löhnen herrscht starke Heterogenität, weil die Produktivitätsunterschiede sich in den EU-weit stärksten Lohnspreizungen widerspiegeln. Das Abgrenzungssystem auf den südeuropäischen Arbeitsmärkten steht daher im Gegensatz zum egalitären skandinavischen Arbeitsmarktprofil.

In Kontinentaleuropa ist ein Flexibilisierungsmuster am wenigsten klar erkennbar. Das Festhalten an starren Arbeitsplatzschutzbestimmungen, zögerliche Liberalisierungen bei Arbeitszeiten und atypischen Beschäftigungsverhältnissen und die Spaltung zwischen Kern-, Rand- und Ersatzbelegschaft erinnern an die südeuropäischen Arbeitsmärkte. Allerdings wird in Kontinentaleuropa in viel stärkerem Maße auf Qualifikationsanstrengungen gesetzt. Soziale Ausgrenzung vom Arbeitsmarkt soll damit verhindert werden. Als wirksamer Anpassungskanal fungiert in Kontinentaleuropa die Lohnflexibilität. Die statistischen Zeitreihen bescheinigen den kontinentaleuropäischen Löhnen die deutlichste Reaktionsfähigkeit gegenüber der Produktivitätsentwicklung und der Arbeitsmarktlage. Bei der Lohnspreizung landet diese Fallgruppe im Mittelfeld zwischen den skandinavischen und den südeuropäischen Arbeitsmärkten. Die Präferenz bei Anpassungsmaßnahmen scheint hier also im Bereich der finanziellen und der qualifikatorischen Flexibilität zu liegen.

Bei den genannten Kategorien darf jedoch nicht übersehen werden, dass sich innerhalb der geographisch definierten Fallgruppen wesentliche Abweichungen bei einzelnen Staaten ergeben. Dänemarks konsequente Reform des Arbeitsplatzschutzes und vollständige Dezentralisierung seiner Tarifverhandlungen hebt es eindeutig von seinen skandinavischen Nachbarn ab. Allerdings hat die Gruppenbildung hier immer noch eine Berechtigung, da Dänemark ansonsten klar in die nordische Kategorie mit geringen Lohnspreizungen, hoher qualifikatorischer Flexibilisierung und dem egalitären Gesellschaftsanspruch passt. Die tiefgreifende Arbeitsumverteilungspolitik der Niederlande über atypische Beschäftigungsverhältnisse ist ebenso ein Sonderfall in Kontinentaleuropa. Dass die Niederländer eine dauerhafte Lohnmäßigung als Kern ihres Reformmodells gewählt haben, entspricht dennoch der Fallgruppen-Präferenz. Unter den angelsächsischen Staaten scheint eine Gruppenbildung jedoch nur in Bezug auf die Arbeitszeiten gerechtfertigt. Die Lohnverhandlungssysteme könnten dagegen kaum unterschiedlicher sein. Außerdem hat Irland die konsequente Liberalisierungspolitik seines großen Nachbarn auf dem eigenen Arbeitsmarkt nicht nachvollzogen. Wegen dieser überwiegenden Abweichungen wird die Kategorie „der angelsächsischen Staaten" in diesem Abschlusskapitel aufgelöst.

Das grobe Cluster der Präferenzverteilung ergibt beim Vergleich der europäischen Arbeitsmärkte also folgendes Muster:

Ranking 5.1: Flexibilisierungspräferenzen bei früheren Arbeitsmarktreformen

Länder	Finanzielle Flexibilität (P1)		Qualifikatorische Flexibilität (P2)	Numerische Flexibilität (P3)		Arbeitszeitflexibilität (P4)	Präferenzen
	Lohnflexi. (P1a)	Lohnspreiz. (P1b)		Arb.platzschutz (P3a)	Atyp. Beschäft. (P3b)		
Südeuropa (Süd)	4	1	3	5	2	1	(P4=P1b)>P3b>P2>P1a>P3a
Skandinavien (Sk)	2	5	1	3	3	4	P2>P1a>(P3a=3b)>P4>P1b
Kontinentaleuropa (Kon)	1	3	2	5	3	4	P1a>P2>(P3b=P1b)> P4>P3a
Angelsächsische Staaten							
UK	1	1	2	1	1	1	(P1=P3=P4)>P2
IR	3	3	4	2	2	1	P4>P3>P1>P2

Quelle: Eigene Darstellung

Zur Vergemeinschaftung eines neuen Politikbereichs ist Einstimmigkeit erforderlich. Bei einem kleinen Gedankenspiel, ob eine weitere Integration der Flexbilisierungspolitik möglich ist, müssten sich also alle Staaten auf eine bestimmte Vorgehensweise verständigen. Am einfachsten wäre ein Konsens zu erzielen, wenn alle Länder die gleiche Erst-Präferenz aufweisen würden. Anhand dieses Schemas wird deutlich, dass sich die Erst-Präferenzen immer nur zwischen einer Staatengruppe und Großbritannien treffen, weil das Vereinigte Königreich fast Arbeitsmarktbereiche bereits flexibilisiert hat. Aufgrund des externen Anpassungsdrucks (Kapitel II) ist jedoch eine gewisse Kompromissbereitschaft anzunehmen. Ein gemeinsames Vorgehen gäbe den Staats- und Regierungschefs die Möglichkeit, die Strategie der „tied hands" (Schelling 1960: 19 ff.) zu verwenden, d.h. notwendige aber unbequeme Reformen durch den Einigungsdruck im Rat zu legitimieren. Rational Choice-Theorien unterstellen Politikern die Erhöhung ihrer Wiederwahlchancen als Hauptmotiv ihrer Handlungen. Bezogen auf Arbeitsmarktreformen würden Politiker also den Weg einschlagen, der den geringsten Widerstand verspricht. Das Festhalten am Status quo ist insofern nur eine kurzfristige Strategie, da Regierungen immer auch an den makroökonomischen Daten und damit an der Konkurrenzfähigkeit der Ökonomie gemessen werden. Die in Kapitel II beschriebenen Herausforderungen lassen eine sozial akzeptierte Arbeitsmarktreform daher langfristig als risikoloser erscheinen als die Verweigerung jeder Reform.

Übersichtlicher dargestellt, ergeben sich abgeleitet aus der vorstehenden Tabelle folgende Rangordnungen:

Tabelle 5.2: Präferenzordnung

| Gruppen | Präferenz hoch → niedrig | | | | | |
	Einigungsmasse*					Veto
Süd	P4	P1b	P3b	P2	P1a	P3a
Sk	P2	P1a	P3a	P3b	P4a	P1b
Kon	P1a	P2	P3b	P1b	P4	P3a
UK	P1a	P1b	P3a	P3b	P4	P2
IR	P4	P3a	P3b	P1a	P1b	P2
EU gesamt	P1a (Lohnflex.), P3b (atyp. Besch.), P4 (Arbeitszeitflex.)					

* Denotation entsprechend Ranking 5.1 (P1a: Lohnflexibilität, P1b: Lohnspreizung, P2: qualifikatorische Flexibilität, P3a: Arbeitsplatzschutz, P3b: atypische Beschäftigung, P4: Arbeitszeitflexibilität)

Quelle: Eigene Darstellung

Nachdem es keine EU-weite Kongruenz der Erstpräferenzen gibt, wird die politische Durchsetzbarkeit eines gemeinsamen Vorgehens unter der Annahme gegenseitiger Zugeständnisse geprüft. Es wird angenommen, dass ein politischer Entscheidungsträger von seiner Erstpräferenz abrückt, wenn ein gemeinsames Vorgehen nicht dem Profil seines Arbeitsmarktes widerspricht. Großzügig auslegt wäre bei einer Kompromisssuche nur die Letzt-Präferenz der Staaten ausgeschlossen. Diese Letzt-Präferenzen werden in Verhandlungen über eine tiefere Integration als Veto angesehen. In den Bereichen der qualifkatorischen Flexibilität, der Lohnspreizung und des Kündigungsschutzes wäre eine stärkere Zusammenarbeit aufgrund nationaler Sensibilität wahrscheinlich nicht durchsetzbar. Spielräume ergäben sich dagegen für ein gemeinschaftliches Vorgehen bei der atypischen Beschäftigung, der Lohn- und der Arbeitszeitflexibilität. Im Folgenden wird die Definition der Letzt-Präferenzen durch eine Analyse gesellschaftlicher Akzeptanzen untermauert.

5.2   Gesellschaftlich: Akzeptanz von Arbeitsmarktreformen

Änderungen in den Regulierungsregimes, die auf EU-Ebene beschlossen werden, tragen nicht per se zu einer Flexibilisierung der Arbeitsmärkte bei. Erforderlich ist anschließend, dass diese Reformen von den jeweiligen Parlamenten in nationales Recht umgesetzt werden. Außerdem müssen derartige Entscheidungen von Arbeitgebern und Arbeitnehmern mitgetragen werden, da den Sozialpartnern ein mächtiges Verhinderungspotentials bei der Implementierung von Arbeitsmarktreformen zur Verfügung steht.

Im Hinblick auf die unterschiedlichen Entwicklungen der nationalen Arbeitsmärkte steht hinter Flexibilisierungsinitiativen, die nie ergriffen wurden oft ein hohes Widerstandspotential der organisierten Arbeitnehmerschaft. Je nach gesellschaftlicher Wertorientierung werden also unterschiedliche Institutionen - die im Rahmen dieser Arbeit als Rigiditäten beschrieben werden - als unangreifbar angesehen. Beispiele für solche „Untouchables" verdeutlichen, wo die nationale Politik an Grenzen stößt:

- In Frankreich scheiterte die Reform des nationalen Mindestlohns an sozialen Unruhen, wohingegen ein ähnliches Vorhaben in Spanien problemlos umgesetzt werden konnte (Samek Lodovici 2000: 51).

- Die italienische Regierung sah sich im Frühjahr 2002 mit Massenprotesten konfrontiert, als sie den Kündigungsschutz antasten wollte (Schlamp 2002: 124). Dagegen wurde die Abschaffung des Arbeitsplatzschutzes in Dänemark ohne Protest zur Kenntnis genommen.

- Nach der Wiedervereinigung in Deutschland bewirkte eine politisch sensible Stimmung unter der ostdeutschen Bevölkerung, die durch die Diskriminierungs-Parolen der Westgewerkschaften aufgepeitscht wurde, dass entgegen jeder volkswirtschaftlichen Vernunft die Ostlöhne ohne Rücksicht auf bestehende Produktivitätsunterschiede in Richtung Westniveau angehoben wurden (Fuchs/Schettkat 2000:225).

Weniger spektakulär, aber ebenso wirkungsvoll bei der Abwehr von Flexibilisierungsversuchen ist die Verweigerung von Unternehmern, Flexibilisierungsinstrumente einzuführen. Die geringe Teilzeitquote der südeuropäischen Arbeitsmärkte erklärt sich beispielsweise nicht durch fehlende gesetzliche Grundlagen sondern durch die mangelnde Nachfrage bei Arbeitnehmern und Arbeitgebern. Für Kleine und Mittlere Unternehmen in Spanien sind Anreize zur Beschäftigung von Teilzeitkräften ebenso gering wie die Bereitschaft gering bezahlter Arbeitnehmer zur Annahme solcher Stellen. Ein weiteres Beispiel dieser Art ist die geringe Annahme von atypischen Beschäftigungsverhältnissen in Deutschland. Hier wird die gesetzliche Möglichkeit befristeter Arbeitsverträge eher spärlich genutzt, weil die Unternehmen an einer dauerhaften Arbeitgeber-Arbeitnehmer-Beziehung interessiert sind (Samek Lodovici, 2000: 51).Um ein fehlendes Bedürfnis des Arbeitsmarkts zu wecken, müsste der Gesetzgeber seine Flexibilisierungsversuche durch finanzielle Anreize untermauern.

Offensichtlich spielen bei der Flexibilisierung von Arbeitsmärkten ordnungspolitische Grundmuster eine signifikante Rolle. Denn sobald bestimmte Arbeitsmarkt-institutionen ins Visier von Reformen geraten, formiert sich ein schlagkräftiges Widerstandspotential: Arbeitnehmer sind nicht nur im Sinne der Lobby-Theorien durchsetzungsfähig organisiert (Olsen 1971), sie stellen auch eine so große gesell-schaftliche Gruppe, dass sie ein nach Mehrheiten strebender Politiker nicht ignorie-ren kann. Aus diesem Grund scheuen sich nationale Gesetzgeber zum Beispiel, den sensiblen Bereich des Kündigungsschutzes zu flexibilisieren. Obwohl am Beispiel Dänemarks die Wirksamkeit eines reduzierten Kündigungsschutzes deutlich wird,[60] zeichnet sich hier kein Handlungswille ab. Auf andere Bereiche übertragen können daher für jede Fallgruppe Maßnahmen benannt werden, die vermutlich nicht gegen die Interessen der arbeitenden Bevölkerung durchgesetzt werden könnten.

Anzunehmen ist, dass in den skandinavischen Staaten aufgrund des egalitären Gesellschaftsanspruchs eine starke Lohndifferenzierung nicht durchsetzbar wäre. Ebenso ließe sich der Arbeitsplatzschutz in Süd- und Kontinentaleuropa wahrschein-lich kaum tiefgreifend reformieren, da die Verlässlichkeit des Arbeitsplatzes in die-sen Volkswirtschaften als schützenswertes Gut angesehen wird. In Großbritannien war eine tiefgreifende Reform in fast allen Flexibilisierungsbereichen (außer bei der Qualifizierung) dagegen möglich. Als Erklärung bietet sich hier ein von Reste-uropa abweichendes Verhältnis von Staat und Gesellschaft ab. Die angelsächsische Staatsauffassung beruht stärker auf der Vorsorge des Einzelnen, als auf der Fürsorge des Staates. Einer liberalen Grundwerteordnung entsprechend, übernimmt also der Bürger mehr Verantwortung für seinen eigenen Wohlstand, als auf die schützende Hand des Staates zu vertrauen (Rooke 2001: 25). Dafür ist der britische oder irische Bürger jedoch nicht bereit, hohe Abgaben an den Staat zu entrichten. Infolgedessen würden exzessive Qualifizierungsangebote als zu kostspielig angesehen und wären daher schwer durchsetzbar.

Saint-Paul (1995) nimmt bei seiner Einschätzung über die Reformierbarkeit euro-päischer Arbeitsmärkte an, dass es unter bestimmten Ausgangsbedingungen mög-lich ist, sich über diese Traditionen hinwegzusetzen:

- In Krisenzeiten ist das Widerstandspotential der Arbeitnehmer geringer, sofern sie in der Beschneidung ihrer Rechte eine mögliche Lösung für grundlegende Probleme sehen.

---

[60] In Dänemark halbierte sich die Arbeitslosenquote innerhalb von 5 Jahren von 7,6% auf 3,3%.

- Sofern die Möglichkeit besteht, eine einschneidende Reform nur auf bestimmte Gruppen zu beschränken (z.B. auf Arbeitsplatzsuchende), ist kein Widerstand durch die orgnisierte Arbeitnehmerschaft zu befürchten, da deren Privilegien unangetastet bleiben.

Allerdings ist Variante zwei meist schwer zu finden, wenn tatsächlich nach einer dauerhaften und tiefgreifenden Lösung gesucht wird.[61] Alternative eins wird dagegen kaum auf alle möglichen Veto-Spieler gleichzeitig zutreffen, um deren Blockademacht in Bezug auf ein bestimmtes Vorhaben der EU gleichzeitig zu beseitigen. Eine Vergemeinschaftung der gesamten Arbeitsmarktpolitik ist daher eher unwahrscheinlich. Im Folgenden klärt eine Interpretation des Subsidiaritätsprinzips mögliche juristische Hindernisse bei einer Vergemeinschaftung der Arbeitsmarktpolitik.

5.3 Juristisch: Subsidiaritätsprinzip und Flexibilität

Nach den bisher angestellten Überlegungen würde eine stärkere Zusammenarbeit der nationalen Regierungen in *allen* Bereichen der Arbeitsmarktflexibilisierung im Europäischen Rat kein einstimmiges Votum bekommen. Ein gemeinsames Interesse scheint es jedoch bei der Flexibilisierung der Arbeitszeiten und bei der Dezentralisierung von Lohnverhandlungen zu geben. Ob dieser Spielraum jedoch zu einem weiteren Integrationsschritt führen kann, wird nun juristisch geprüft.

Denn für die Vergemeinschaftung eines Politikbereichs gilt, dass diese nach EU-Recht nur zulässig ist, wenn sie dem Subsidiaritätsprinzip Rechnung trägt. Dieses Prinzip wurde 1991 als Art. 3b in den Vertrag von Maastricht aufgenommen, um einer schrankenlosen Aufgabenerweiterung der EU-Organe vorzubeugen. Die Staats- und Regierungschefs legten durch das Subsidiaritätsprinzip fest, dass die Kompetenz zur Politiksetzung grundsätzlich auf der nationalen Ebene verbleibt. Die Gemeinschaft darf demnach in den Bereichen, die nicht in ihre ausschließliche Zuständigkeit fallen, nur dann tätig werden,

> „sofern und soweit die Ziele der in Betracht gezogenen Maßnahmen auf Ebene der Mitgliedsstaaten nicht ausreichend erreicht werden können und daher wegen ihres Umfangs oder ihrer Wirkungen *besser* auf Gemeinschaftsebene erreicht werden können."

Das Vorliegen eines gemeinsamen Problems - hier: die festgestellte Reformbedürftigkeit der Arbeitsmärkte - und der Wunsch aller Entscheidungsträger nach Lösung des Problems sind daher noch keine ausreichenden Argumente für die Begründung eines neuen EU-Politikfelds. Darüber hinaus müsste eine gemeinsame

---

[61] Im Bereich der numerischen Flexibilität erscheint die atypische Beschäftigung als eine solche Umgehungsstrategie, bei der die Anpassungslast auf bestimmte Personengruppen konzentriert werden kann.

Flexibilisierungspolitik im Sinne des Subsidiaritätsprinzips wirksamer die nationalen Arbeitsmärkte reformieren als es den Mitgliedsstaaten separat möglich wäre.

In der zitierten Vorschrift gibt das Wort „besser" zunächst Rätsel auf. Näher konkretisiert mit den Begriffen „Effizienz" oder „Akzeptanz" lässt sich hier jedoch ein Ansatzpunkt für Bewertungen finden. Allerdings ist keineswegs einzusehen, warum eine gemeinsame Flexibilisierungspolitik effizienter sein sollte als eine nationale. Während dieses Kriterium in Bereichen wie Einwanderungspolitik sinnvoll sein kann, um die Lasten einer gemeinsamen Problematik gleichmäßig zu verteilen, ist ein ähnlicher Vorteil für die nationalen Arbeitsmärkte nicht im selben Maße erkennbar. Die Anpassungslasten verbleiben weitgehend auf den jeweiligen nationalen Arbeitsmärkten. Im Gegenteil erscheint die Wirksamkeit sogar durch eine gemeinsame Vorgehensweise gefährdet, da die Problemlagen von Land zu Land unterschiedlich sind. Nationale Maßnahmen können daher zielgerichteter die einzelnen Bedürfnisse und Handlungsrestriktionen berücksichtigen. Kompromisse auf Gemeinschaftsebene wären für einzelne Ökonomien ineffizienter, sofern sie nur second- oder third-best Alternativen gemessen an der nationalen Präferenzordnung darstellen.

Entscheidungen der EU-Organe eine höhere gesellschaftliche Akzeptanz zu unterstellen, erscheint spätestens seit den Referenden in Irland und Dänemark ebenfalls nicht legitim. Umgekehrt tritt eine Opposition gegen die Versuche nationaler Politiker unbequeme Maßnahmen regelmäßig als Notwendigkeit der „Globalisierung" oder „Europäisierung" zu verkaufen und damit im Sinne der ‚tied hands'-Strategie Verantwortung abzuschieben, immer lautstarker in Erscheinung. Dieser Widerstand formiert sich im Rahmen von Nichtregierungsorganisationen, deren Protest sich regelmäßig bei EU-Gipfeln entlädt. Das „besser" trifft also weder im Sinne von Effizienz noch bei der Akzeptanz zu.

Ein weiterer Integrationsschritt bei der Flexibilisierungspolitik wäre also mit dem Subsidiaritätsprinzip nur vereinbar, wenn dadurch die Arbeitsmarktpolitik in die ausschließliche Kompetenz der EU übertragen würde. Denn in diesem Fall würde das Subsidiaritätsprinzip nach eigenem Wortlaut aufgehoben. Aufgrund des Sprengstoffs, den Arbeitsmarktreformen bieten, und wegen der stark abweichenden Präferenzen ist ein Souveränitätsverzicht der Nationalstaaten in der Arbeitsmarktpolitik unwahrscheinlich.

5.4 Fazit

Auf dem Feld der Arbeitsmarktpolitik ist der Bereich der Flexibilisierung als am schwersten reformierbar einzuschätzen (Goetschy 1999: 17). Denn sobald arbeitsrechtliche Traditionen ins Visier von Reformen geraten, formiert sich ein schlagkräftiges Widerstandspotential: Arbeitnehmer sind nicht nur im Sinne der Lobby-Theorien durchsetzungsfähig organisiert (Olsen 1971), sie stellen auch eine so große gesellschaftliche Gruppe, dass sie ein nach Mehrheiten strebender Politiker nicht ignorieren kann. Arbeitsmarktreformen bergen daher auf nationaler Ebene jede Menge Sprengstoff.

Der Beitrag der EU zur Flexibilisierung der nationalen Arbeitsmärkte erschöpft sich derzeit in der Koordinierung der nationalen Politiken; im Rahmen des makroökonomischen Dialogs (Köln-Prozess) und durch die Überwachung der Beschäftigungspolitischen Leitlinien (Luxemburg-Prozess). Die Koordinierungsfunktion enthält jedoch kein Durchgriffsrecht der EU-Ebene. Sanktionen kann die Europäische Kommission bei Nicht-Einhaltung der gemeinsam beschlossenen Beschäftigungsziele im Luxemburg- Prozess nicht verhängen. Der Europäischen Kommission bleibt als Druckmittel nur das Berichtswesen, das sie öffentlichkeitswirksam einsetzen kann. Von dieser Funktion macht die Europäische Kommission allerdings nur in den Bereichen der Qualifikation und der Arbeitszeit tatsächlich Gebrauch. Als Erklärung bietet sich an, dass die Kommission durch den Zuschnitt der Generaldirektion ‚Beschäftigung *und Soziales'* schon institutionell bedingt skeptisch gegenüber zu weitreichender Liberalisierung von Arbeitsmärkten ist. Liberale Reformansätze werden innerhalb der Kommission durch solidarische Konzepte neutralisiert.

Feststellbar ist, dass in den letzten zwei Jahrzehnten Flexibilisierungsmaßnahmen in fast allen EU-Staaten umgesetzt wurden. Bis auf die Thatcher-Reform in Großbritannien waren jedoch keine tief greifenden Reformen darunter. Bis Mitte der neunziger Jahre wurden das dänische und das niederländische Modell als Vorzeigeprojekte sozialverträglicher Flexibilisierung gepriesen. Nach Abklingen der ersten Euphorie zeigt sich, dass das Stellen an nur einer Schraube keine nachhaltige Arbeitsmarktreform bedeutet (Gorter 2000). Abgesehen von Großbritannien sind die europäischen Arbeitsmärkte nur in Teilbereichen als flexibel anzusehen. Eine nähere Analyse zeigt die Ausbildung unterschiedlicher Regulierungsregimes, wobei sich die geographischen Cluster als relativ stabil erwiesen haben.

Tief greifende Reformen erzeugen massiven gesellschaftlichen Widerstand, sofern Arbeitsmarktinstitutionen als gesellschaftlich tradierte Besitzstände angesehen werden. Eine Konfrontation mit der gut organisierten Arbeitnehmerschaft würde ein rational handelnder Politiker scheuen, sofern diese Opposition von der Mehrheit der Wähler getragen wird. Allerdings zeigen die jeweiligen Regulierungsregimes unterschiedliche Sensibilitäten der Bevölkerung in den verschiedenen Flexibilisierungskategorien. Zusammenfassend ergab eine Präferenzanalyse der verschiedenen Staatengruppen in Kapitel V Spielräume für eine stärkere Zusammenarbeit bei der Dezentralisierung von Lohnverhandlungen, bei der Liberalisierung atypischer Beschäftigungsverhältnisse und bei der Arbeitszeitflexibilisierung. In diesen Bereichen wäre eine EU-Arbeitsmarktpolitik über die bisherige Koordinierung hinaus hinsichtlich der politischen Restriktionen denkbar. Juristisch betrachtet würde eine Teilvergemeinschaftung der Arbeitsmarktpolitik unter dem Dach der EU jedoch mit dem Subsidiaritätsprinzip kollidieren. Aufgrund der Bedeutung des betroffenen Wählerpotentials ist es unwahrscheinlich, dass die Staats- und Regierungschefs bereit wären, die Entscheidungskompetenz in der gesamten Arbeitsmarktpolitik auf die EU zu übertragen. Eine stärkere Zusammenarbeit auf EU-Ebene zur Flexibilisierung der nationalen Arbeitsmärkte ist derzeit also nicht absehbar.

VI   Anhang

Tabelle A1: Lifelong Learning

Country	1992	1996	2000
Belgium	2,3	2,9	6,8
Denmark	16,2	18,0	20,8
Germany	n.n.	5,7	5,2
Greece	1,2	0,9	1,1
Spain	3,3	4,2	4,9
France	2,9	2,7	2,8
Ireland	3,4	4,8	n.n.
Italy	2,9	4,4	5,5
Luxembourg	2,9	2,9	4,8
Netherlands	15,1	12,5	15,6
Austria	n.n.	7,9	n.n.
Portugal	3,6	3,4	3,3
Finland	n.n.	16,3	19,6
Sweden	n.n.	26,5	21,6
Great Britain	12,5	n.n.	21,0
EU-15	5,5	8,1	n.n.

Source: Eurostat, allgemeine Statistik 2001

Tabelle A2: Arbeitszeit

Land	Durchschnittliche Wochenarbeitszeit, Std.*	Abweichung von vereinbarter Arbeitszeit, %*	Schichtarbeit, %**	Nachtarbeit, %**	Samstagsarbeit, %**	Sonntagsarbeit, %**	Maßnahmen zur Flexibilisierung in den Neunzigern (flexible Arbeitszeiten, Teilzeit)*
Skandinavische Staaten	*39,7*						
Dänemark	39,1	43	12 (+)	13 (+)	34 (++)	21 (--)	X
Finnland	40	n.a.	n.a.	n.a.	n.a.	n.a.	X
Schweden	40	n.a.	n.a.	n.a.	n.a.	n.a.	
Kontinentaleuropa	*39,5*	*30,8*	*17,5*	*12,3*	*32,8*	*18*	
Österreich	40	n.a.	n.a.	n.a.	n.a.	n.a.	XX
Belgien	38,1	15	21 (-)	12 (-)	32 (+)	18 (-)	
Frankreich	39,9	35	25 (++)	18 (+)	44 (++)	24 (++)	X
Deutschland	40,3	23	13 (-)	7 (-)	24 (-)	10 (+)	X
Niederlande	39,1	50	11 (--)	12 (=)	31 (+)	20 (+)	X
Südeuropa	*40,3*	*34,8*	*24,8*	*16,8*	*41*	*20,3*	
Griechenland	40	36	21 (-)	14 (-)	39 (+)	21 (-)	
Italien	38,6	26	25 (++)	15 (++)	42 (--)	18 (++)	X
Portugal	42	39	22 (++)	21 (++)	41 (+)	20 (++)	X
Spanien	40,7	38	31 (+)	17 (+)	42 (+)	22 (++)	XX
Angelsächsische Staaten	*42,1*	*52,5*	*22*	*22,5*	*43,5*	*29,5*	
Irland	40,5	40	19 (+)	20 (++)	40 (++)	25 (++)	
Großbritannien	43,6	65	31 (+)	25 (=)	47 (-)	34 (+)	X

*Quelle: * Esping-Andersen, Gosta (2000), **Kommission (1991, 1995)*

Tabelle A3: Regulierung des Arbeitsplatzschutzes

Land	Strenge des Arbeitsplatzschutzes laut OECD-Ranking (1985-1993)	Maßnahmen zur Vereinfachung des Arbeitsplatzschutzes seit 1990:			
		Vorabgenehmigung + Anzeigezeitraum	Abfindungszahlungen	Entlassungen	Leih- und Zeitarbeit
Skandinavische Staaten					
Dänemark	5				
Finnland	10	X			X
Schweden	13			X	X
Kontinentaleuropa					
Österreich	16				
Belgien	17				X
Frankreich	14				X
Deutschland	15	X		X	X
Niederlande	9			X	X
Südeuropa					
Griechenland	18				
Italien	21			X	X
Portugal	19				
Spanien	20		X	X	X
Angelsächsische Staaten					
Irland	12				
Großbritannien	7				

Quelle: OECD 1994, OECD Economic Sourveys, lfd. Jahrgänge

Literaturverzeichnis

Arndt, Sven W. (2000): Eastern Enlargement and the Evolving Global Economy; in: Arndt, Sven et al.: Eastern Enlargement – The Sooner the Better?, S. 216-226,
http://www.bmwa.gv.at/NR/rdonlyres/356E85E6-022F-4327-89D5-8195D2469813/3815/eastern_enlargement.pdf

Auer, Peter und Claudius H. Riegler (1998): Sweden: The End of Full Employment; in: Auer, Peter (Hrsg.): Employment Policies in Focus, Labour Markets and Labour Market Policy in Europe and Beyond - International Experiences, Berlin, S. 39-53

Aust, Andreas/Bieling, Hans-Jürgen/Steinhilber, Jochen/Tidow, Stefan (1997): Recent Developments in the Discussion on EU-Employment Policy; in: Lipietz, Alain et. al., (Hrsg.): Labour Markets and Employment Policy in the European Union, FEG-Studie Nr. 10, Marburg, S. 109-125

Becker, Uwe (2000): Realität und Mythos der niederländischen Beschäftigungs-entwicklung, in: Platzer, Hans-Wolfgang (Hrsg.): Arbeitsmarkt- und Beschäfti-gungspolitik in der EU, Baden-Baden, S.112-130

Belke, Ansgar und Wim Kösters (2000): Asymmetrische Schocks, Arbeitsmärkte und Finanzpolitische Anpassungen in der EU; in: Berg, Hartmut (Hrsg.): Arbeitsmarkt und Beschäftigung, Berlin, S.39-56

Berthold, Norbert und Rainer Fehn (2000): Aggressive Lohnpolitik, über-schießende Kapitalintensität und steigende Arbeitslosigkeit: Können Investiv-löhne für Abhilfe sorgen?; in: Berg, Hartmut (Hrsg.): Arbeitsmarkt und Be-schäftigung: Deutschland im internationalen Vergleich, Berlin, S.219-250

Bilger, Francois (2000): Der französische Arbeitsmarkt; in: Berg, Hartmut (Hrsg.): Arbeitsmarkt und Beschäftigung: Deutschland im internationalen Vergleich, Schriften des Vereins für Socialpolitik Bd. 272, Berlin, S.77-99

Björklund, Anders (2000): Going Different Ways: Labour Market Policy in Denmark and Sweden, in: Esping-Andersen, Gøsta und Marino Regini (Hrsg.): Why Deregulate Labour Markets?, Oxford, S. 148-180

Bolle, Michael und Michael Neugart (2000): Will the Euro Shape European Economies? in: Conference on the Effectiveness of the Economic Policy of the Republic of Estonia and the EU, Tartu

Burda, Michael (2001): European Labour Markets and the Euro: How much Flexibility Do We Really Need?, ENEPRI Working Paper Nr.3/2001

Calmfors, Lars und John Driffill (1988): Bargaining Structure, Corporatism and Macroeconomic Performance; in: *Economic Policy*, Nr. 6/1988, S.14-61

Däubler, Wolfgang (1999): Die Soziale Dimension des Europäischen Binnenmarkts; in: Weidenfeld, Werner (Hrsg.): Europa-Handbuch, Bonn, S. 522-535

Deakin, Simon and Hannah Reed (2000): Britain – River Crossing or Cold Bath, in: Esping-Andersen, Gøsta und Marino Regini (Hrsg.): Why Deregulate Labour Markets?, Oxford, S.115-147

Deutscher Gerwerkschaftsbund: Informationen zur Wirtschafts- und Strukturpolitik Nr. 5/99: Zur Entwicklung von Löhnen, Gewinnen, Kapitalrendite und Lohnstückkosten in Deutschland, http://www.einblick.dgb.de/archiv

Didzoleit, Winfried et. al.(2002): Aufbruch ins Ungewisse; in: *DER SPIEGEL* 1/ 02, S. 24-40

Dörn, Ronald u.a. (2000): Arbeitsmarktflexibilität und Direktinvestitionen – Feldstudien in Deutschland und Großbritannien, Rheinisch-Westfälisches Institut für Wirtschaftsforschung e.V., Essen

Dohse, Dirk und Christiane Krieger-Boden (1998): Währungsunion und Arbeitsmarkt – Auftakt zu unabdingbaren Reformen, Kieler Studien No. 290, Tübingen: Mohr

Ebert, Reinhard (2000): Bundesvereinigung der deutschen Arbeitgeberverbände; in: Platzer, Hans-Wolfgang (Hrsg.): Arbeitsmarkt- und Beschäftigungspolitik in der Europäischen Union, Baden-Baden

Esping-Andersen, Gøsta (1990): The Three Worlds of Welfare Capitalism, Princeton, New York

Esping-Andersen, Gøsta (2000): Who is Harmed by Labour Market Regulations?; in: Esping-Andersen, Gøsta (Hrsg.): Why Deregulate Labour Markets, Oxford, S.66-98

Europäische Kommission (1993): Weißbuch Wachstum, Wettbewerbsfähigkeit, Beschäftigung – Herausforderungen der Gegenwart und Wege ins 21. Jahrhundert, Brüssel

Europäische Kommission (1994): Fortschrittsbericht, Brüssel

Europäische Kommission (1999 ff.): Forschrittsberichte zum Cardiff-Prozess http://www.europa.eu.int/comm/economy_finance/publications/ european_economy

Europäische Kommission (1999):
– Bulletin EU 6-1999, Anhänge zu den Schlußfolgerungen des Vorsitzes (5/28)
http://europa.eu.int/abc/doc/off/bull/de/9906/i1043.htm#anch0050
– Bulletin EU 6-1999 Anhänge zu den Schlußfolgerungen des Vorsitzes (8/28)

http://europa.eu.int/abc/doc/off/bull/de/9906/i1046.htm#anch0056
– Bulletin EU 6-1999 Anhänge zu den Schlußfolgerungen des Vorsitzes (11/28)
http://europa.eu.int/abc/doc/off/bull/de/9906/i1049.htm#anch0059

Europäische Kommission (2001): Joint Employment Report, http://www.eu-employment-observatory.net/resources/ees/jer/2001/jointrep2001_de.pdf

Europäische Kommission (2002): Informationen zur Beschäftigungsstrategie http://europa.eu.int/scadplus/leg/en/cha/c00002.htm

Europäischer Rat (1998): Entschließung über den Europäischen Beschäftigungspakt http://europa.eu.int/abc/doc/off/bull/de/9906/i1046.htm#anch0056

Europäischer Rat Cardiff (1998): Schlussfolgerungen des Vorsitzes, http://ue.eu.int/pressData/de/ec/54313.pdf

Europäische Zentralbank (2002): Labour Market Mismatches in Euro Area Count ries, http://www.ecb.int/pub/pdf/labourmarket2002.pdf

Evers, Adalbert und Thomas Olk (1996): Analytische und normativ-politische Dimensionen eines Leitbegriffs; in: Evers, Adalbert und Thomas Olk (Hrsg.): Wohlfahrtspluralismus, Opladen

Franke, Siegfried F., (2000): Flexibel und solidarisch – Pragmatische Ansätze in der Arbeitsmarktpolitik Dänemarks. In: Hartmut Berg (Hrsg.): Arbeitsmarkt und Beschäftigung: Deutschland im internationalen Vergleich. Berlin: Duncker & Humblot, S. 251-275.

Fuchs, Susanne und Ronald Schettkat (2000): Germany – A Regulated Flexibility; in: Esping-Andersen, Gøsta und Marino Regini (Hrsg.): Why Deregulate Labour Markets?, Oxford, S.211-244

Ganßmann, Heiner und Michael Haas (2001): Arbeitsmärkte im Vergleich Bd. II: Flexibilität und Rigidität der Arbeitsmärkte in den Niederlanden, Dänemark und Schweden, Marburg

Goetschy, Janine (1999): The European Employment Strategy: Genesis and Development, CNRS Université de Nanterre http://europa.eu.int/comm/governance/areas/group8/contribution_strategy-genesis_en.pdf

Gorter, Cees (2000): The Dutch Miracle?, in: Esping-Andersen, Gøsta und Marino Regini (Hrsg.): Why Deregulate Labour Markets?, Oxford, S. 181-210

Grubb, D. und W. Wells (1993): Employment Regulation and Patterns of Work in EC Countries, OECD Economic Studies (21), Paris

Heilemann, Ullrich (2000): Arbeitsmarkt und Löhne – was haben wir gelernt? Zum Wandel der Tariflohndeterminanten in der Bundesrepublik 1952 bis 1997, in:

Berg, Hartmut (Hrsg.): Arbeitsmarkt und Beschäftigung: Deutschland im internationalen Vergleich, Berlin, S.9-38

Hubert, Frank (1997): Determinanten der Arbeitslosigkeit in der EU: eine empirische Analyse für die Bundesrepublik Deutschland, Frankreich, Großbritannien und Italien, Frankfurt am Main; Berlin: Bern; New York; Wien

Kösters, Wim (1998): Europäische Integration: Wirtschaftspolitischer Autonomieverlust durch Supranationalisierung politischer Entscheidungen; in: Cassel, D.(Hrsg.): 50 Jahre Soziale Marktwirtschaft, Stuttgart

Kotzias, Nikos (1997): Beschäftigungspolitik – Kern der Verhandlungen über die Sozialpolitik zur Intergouvernmental Conference 1996; in: Forschungsgruppe Europäische Gemeinschaft: Labour Markets and Employment Policy in the European Union, Marburg, S.193-205

Lang, Werner (2000): Spanien und Portugal- Die ungleichen Nachbarn der Iberischen Halbinsel; in: Platzer, Hans-Wolfgang (Hrsg.): Arbeitsmarkt- und Beschäftigungspolitik in der EU, Baden-Baden, S. 54-89

Larson, Allan (2002): The New Open Method of Co-ordination – A sustainable way between a fragmented Europe and a European supra state?, Lecture an der Uppsala University am 4. März 2002, Redemanuskript

Losse, Bert: Bedingt offen; in:*Wirtschaftswoche* vom 06.12.2001, S. 36-40

Mundell, Robert A. (1961): A Theory of Optimum Currency Areas; in: *American Economic Review* 51 (4), S. 509-517

Nicoletti G., Haffner R. C. G., Nickell S., Scarpetta S. und Zoega G. (2001): European Integration, Liberalization, and Labor-market Performance; in: Bertola G., Boeri T. and Nicoletti G. (Hrsg.): Welfare and Employment in a United Europe, Cambridge,

OECD (2001a): Economic Survey Denmark, Paris

OECD (2001b): Economic Survey Germany, Paris

OECD (2002): Economic Survey Finland, Paris

OECD (2001c): Economic Survey France, Paris

OECD (2001d): Economic Survey Spain, Paris

OECD (2001e): Economic Survey Sweden, Paris

OECD (1994): The OECD Job Study: Evidence and Explanations, Part I: Labour Market Trends and Underlying Forces of Change, Part II: The Adjustment Potential of the Labour Market, Paris

Olsen, Mancur (1971): The Logic of Collective Action: Public Goods and The Theory of Groups, Oxford

Pauer, Wolfgang (2000): Strukturelle Arbeitslosigkeit: Sektorale Schocks und Mismatch in der Europäischen Union, Wien

Polavieja, Javier G. und Andrew Richards (2001): Trade Unions, Unemployment and Working-Class Fragmentation in Spain; in: Bermeo, Nancy (Hrsg.): Unemployment in the New Europe, Cambridge

Putnam, Robert D. (1988): Diplomacy and Domestic Politics: The Logic of Two-level Games, *International Organization* No. 42, Vol.3/1988: S. 427-460

Regini, Marrino (2000): The Dilemmas of Labour Market Regulation; in: Esping-Andersen, Gøsta und Marino Regini (Hrsg.): Why Deregulate Labour Markets?, Oxford, S.11-29

Rooke, Richard (2001): Country Report: Anglo-Saxon Countries, Studienbrief 2-010- 0605, Postgradualer Fernstudiengang Europäisches Verwaltungsmanagement, Berlin

Saint-Paul, Gille (1995): Reforming Europe's Labour Market: Political Issues; in: CEPR Discussion Papers Nr. 1223

Samek Lodovici, Manuela (2000): Italy – The Long Times of Consensual Re-regulation; in: Esping-Andersen, Gøsta und Marino Regini (Hrsg.): Why Deregulate Labour Markets?, Oxford, S. 271-306

Samek Lodovici, Manuela (2000): The Dynamics of Labour Market Reform; in: Esping-Andersen, Gøsta und Marino Regini (Hrsg.): Why Deregulate Labour Markets?, Oxford, S.30-65

Sarrazin, Thilo (1998): Der Euro – Chance oder Abenteuer?, Bonn

Schatz, Klaus-Werner (2001): Europäische Beschäftigungspolitik; in: Ohr, Renate und Theresa Theurl (Hrsg.): Kompendium Europäische Wirtschaftspolitik, München, S. 535-574

Schelling, Thomas (1960): The Strategy of Conflict, Cambridge, Massachusetts

Schlamp, Hans-Jürgen (2002): Ein stiller Verführer; in: *DER SPIEGEL* 14/2002, S. 124

Schmitz, Klaus (1999): Deutscher Gewerkschaftsbund, in: Platzer, Hans-Wolf gang (Hrsg.): Arbeitsmarkt- und Beschäftigungspolitik in der EU, Baden-Baden, S.191-197

Schulze Buschoff, Karin (2000): Die Flexibilisierung der Arbeitszeit in der Bundesrepublik Deutschland – Ausmaß, Bewertung und Präferenzen; in: APuZ (B14-15/2000)

Siebert, Stanley W. (2001): Can Corporatism Partailly Offset the Effects of Rigidities? ; in: Milleker, David F. (Hrsg.): Beschäftigungspolitik in Europa, S. 53-64

Susa-Heitzer, Elke (2001): Die ökonomische Dimension der EU-Osterweiterung: Eine Analyse spezifischer Einflusskanäle zur Ermittlung von Chancen und Risiken in ausgewählten Regionen der EU, Aachen

Teulings, Coen und Joop Hartog (1998): Corporatism or competition: An international comparison of labour market structures and their impact on wage formation, Cambridge

Toharia, Luis and Miguel A. Malo (2000): The Spanish Experiment; in: Esping-Andersen, Gøsta und Marino Regini (Hrsg.): Why Deregulate Labour Markets?, Oxford, S. 307-335

Uterwedde, Hendrik (2000): Frankreichs Beschäftigungspolitik: alte und neue Antworten; in: Platzer, Hans-Wolfgang (Hrsg.): Arbeitsmarkt- und Beschäftigungspolitik in der EU, Baden-Baden, S. 90-111

Wolienetz, Steven B.(2001): Modell Nederland; in: Bermeo, Nancy (Hrsg.): Unemployment in the New Europe, Cambridge